1682

SAMML
METZL

REALIEN ZUR LITERATUR
ABT. D:
LITERATURGESCHICHTE

GERHARD P. KNAPP

Friedrich Dürrenmatt

MCMLXXX

J. B. METZLERSCHE VERLAGSBUCHHANDLUNG

STUTTGART

CIP-Kurztitelaufnahme der Deutschen Bibliothek

Knapp, Gerhard P.:
Friedrich Dürrenmatt / Gerhard P. Knapp. –
Stuttgart: Metzler, 1980.
  (Sammlung Metzler; M 196: Abt. D,
  Literaturgeschichte)
  ISBN 3-476-10196-7

ISBN 3 476 10196 7

M 196

© J. B. Metzlersche Verlagsbuchhandlung und Carl Ernst Poeschel Verlag GmbH
in Stuttgart 1980. Satz und Druck: Gulde-Druck, Tübingen
Printed in Germany

INHALT

Die abgerundete, in sich geschlossene Darstellung des Werks eines lebenden Autors ist meist nicht mehr als eine Wunschvorstellung. Dies betrifft auch das Werk Dürrenmatts, das heute zwar rund fünfunddreißig Jahre umspannt, in keiner Weise aber einen auch nur vorläufigen Endpunkt der Produktion seines Autors signalisiert. Betrachtet man die Rezeption dieser Texte bei Kritik und Publikum, so liegt auf der Hand, daß der enorme Öffentlichkeitserfolg, den sie während der fünfziger und sechziger Jahre verbuchen konnten, um die Wende zu den siebziger Jahren einer vorwiegend kritisch-zurückhaltenden Aufnahme gewichen ist, die noch immer anhält. Die Gründe hierfür liegen sowohl in der Ästhetik Dürrenmatts – die wiederum in seinem Geschichtskonzept wurzelt – als auch in den veränderten Rezeptionsbedingungen der deutschsprachigen Bühne seit dem Ende der sechziger Jahre. Nach einem Jahrzehnt der eher abwartenden Haltung von Kritik und Forschung gegenüber Dürrenmatt scheint somit der Zeitpunkt für eine vorläufige Gesamtdarstellung nicht ungünstig gewählt.

Entsprechend den Richtlinien der Reihe will der vorliegende Band zuvorderst Tatsachen und Zusammenhänge vermitteln, Aufschluß über Forschungsergebnisse und offene Fragen geben. Auch wenn die Dürrenmatt-Forschung eine Vielzahl brauchbarer Resultate erzielt hat, waren doch häufig – vor allem im Hinblick auf die frühen wie die neueren Texte – Grundlagen erstmals zu erstellen, werkgeschichtliche Zusammenhänge freizulegen und vorgegebene Thesen vermittels der eigenen Analyse zu überprüfen. Grundlagenarbeit war auch hinsichtlich der Klärung geistiger und literarischer Einflüsse auf das Werk sowie seiner Lokalisierung im größeren Kontext der literarischen Strömungen der Nachkriegsjahrzehnte zu leisten. All dies ist als Ergebnis in der Darstellung aufgegangen. Zugleich schien es, gerade aufgrund der spezifischen Gegebenheiten dieses Werks, unabdingbar, den jeweiligen historischen und gesellschaftlichen Entstehungsumkreis zumindest knapp zu skizzieren. Nur so ist die überwiegend kritische Anlage dieser Texte zu verdeutlichen. Schließlich verlangte der Gegenstand, mehr als dies auf manche andere Autoren zuträfe, eine Annäherung, die über die referierende Darstellung wo immer möglich zu Fragen der Rezeption und der Wertung vorzustoßen hatte. Allein aus der Zusammenschau von Text und Publikum bzw. der dem Einzeltext zugrunde liegenden Ästhetik und ihren Wirkungsmöglichkeiten ist letztlich eine wenn auch nur vorläufige Erklärung der überaus unterschiedlichen Wirkungsphasen dieses Werks abzuleiten. – Fast überflüssig bleibt zu betonen, daß die detaillierte Gliederung des Bandes eine rasche Information über einzelne Texte und Gruppierungen ermöglichen will. Die Entwicklungslinien der Werkgeschichte erschließen sich jedoch nur der Lektüre der gesamten Darstellung.

Danken möchte ich allen denen, die diese Arbeit gefördert haben: vor allem Mona Knapp für geduldigen Rat und weitreichende Unterstützung; Jan Knopf für freundliche Hilfe; Gerd A. Petermann für wertvolle Kritik; nicht zuletzt auch Friedrich Dürrenmatt für die Übermittlung von Auskünften.

Salt Lake City im November 1979   G. P. K.

Abkürzungen

Die im Text und nach den einzelnen Kapiteln gegebenen Literaturhinweise sind vermittels der systematisch durchnummerierten Auswahlbibliographie (s. S. 116 ff.) zu entschlüsseln. Der Kennbuchstabe für die einzelne Sachgruppe steht jeweils der Zahl voraus.

AZ	Akzente
DRds	Deutsche Rundschau
DU	Der Deutschunterricht
DVJs	Deutsche Vierteljahrsschrift für Literaturwissenschaft und Geistesgeschichte
FAZ	Frankfurter Allgemeine Zeitung
GLL	German Life and Letters
GQ	The German Quarterly
GR	Germanic Review
GRM	Germanisch-Romanische Monatsschrift
KFLQ	Kentucky Foreign Language Quarterly
LWU	Literatur in Wissenschaft und Unterricht
MD	Modern Drama
MLQ	Modern Language Quarterly
Monatshefte	Monatshefte für deutschen Unterricht, deutsche Sprache und Literatur
NDL	Neue Deutsche Literatur
NZZ	Neue Zürcher Zeitung
RLV	Revue des langues vivantes
SDZ	Süddeutsche Zeitung
Seminar	Seminar. A Journal of Germanic Studies
SR	Schweizer Rundschau
SM	Schweizer Monatshefte
StZ	Sprache im technischen Zeitalter
SuF	Sinn und Form
TDR	Tulane Drama Review
Thh	Theater heute
U	Universitas
WB	Weimarer Beiträge
WeWo	Die Weltwoche
WW	Wirkendes Wort
ZfdPh	Zeitschrift für deutsche Philologie
ZfG	Zeitschrift für Germanistik (Korea)

I. DER AUTOR

Eine Gesamtdarstellung des Dürrenmattschen Werks, wie es bislang vorliegt, sieht sich beträchtlichen methodischen Schwierigkeiten gegenübergestellt. Vor allem sind es zwei Momente, die den kritischen Zugang erheblich belasten: einmal die Tendenz einer zumeist wohlwollenden, oftmals voreilig beflissenen Literaturwissenschaft, dieses Werk, das nun rund fünfunddreißig Jahre umspannt, viel zu früh als abgeschlossen zu sehen und es damit der Unwandelbarkeit und Wirkungslosigkeit einer »Klassik« der Gegenwart zuzuschlagen. Eng damit verbunden scheint die Gefahr, den Autor dieses Werks allzu streng beim Wort zu nehmen, Äußerungen, die einem gewissen Kontext entspringen – und sei es der Absicht einer ironischen Selbststilisierung – zu einem Grad zu verallgemeinern, wo sie zum Klischee verflachen und damit einen rationalen Zugriff verbauen müssen. Es gilt also in erster Linie, die Widersprüche, die dieses Werk durchziehen, im Einzeltext wie in den theoretischen Stellungnahmen des Autors, als Bestandteil einer Entwicklung zu sehen, die heute keineswegs abgeschlossen ist. Allein so wird man der Verallgemeinerung entgehen können, wie sie die Geschichte der literaturwissenschaftlichen Bemühungen um Dürrenmatt durchzieht. Denn in der Tat fehlt es nicht an Deutungen, die an Autor und Werk herangetragen wurden – das Spektrum reicht von der plausiblen Verkürzung bis zum nur noch bizarren Gemeinplatz.

Besonders hartnäckig auf die Forschung eingewirkt hat Dürrenmatts Feststellung, er habe »keine Biographie« (K 2; 11). So findet sich in einer durchaus ergiebigen Gesamtdarstellung der Satz: »[. . .] sein Werk scheint von den Bedingungen der Gesellschaft und Politik gelöst, erlöst.« (Bänziger K 1; 135) Wenn auch in Thesenform indiziert und im weiteren partiell zurückgenommen, bleibt diese Ausgangsposition für viele Forscher verbindlich. Tatsächlich ist die persönliche »Biographie« des Autors Friedrich Dürrenmatt in vieler Hinsicht »normal«, durchschnittlich, wenn man will; jedenfalls weist sie keine schwerwiegenden Brüche, Katastrophen auf und verrät wenig Neigung zum Spektakulären. Auf der anderen Seite ist der Lebenslauf des Autors als Bestandteil und Reflex der ihn umgebenden historischen Vorgänge zu sehen. Und somit – hier soll keineswegs einem primitiven Biographismus das Wort geredet werden – besitzt die Autorenbiographie in einem weiteren Sinne, dem der Zeitgenossenschaft, deutlich Schlüsselfunktion für das Verständnis der Werkgenese. Keine vernünftige Betrachtung der Texte wird es sich leisten können, an ihrem

Entstehungshintergrund vorbeizugehen, und dieser liegt zuvorderst in der zeitgenössischen Anteilnahme des Autors an der Gesellschaft, die ihn umgibt. Indem Dürrenmatt »Gegenentwürfe formuliert, die sich auf das Gegebene nicht einlassen und Alternativen zeigen« (Knopf K 20; 8), liefert er den konkreten Beweis für den politisch-gesellschaftlichen Bezugsort, in dem sein Werk steht und entsteht. Und nur mit Blickrichtung auf diesen Kontext kann sein Werk letztlich gedeutet werden.

Friedrich Dürrenmatt, von den Eltern und Spielkameraden zunächst Fritz genannt, wurde am 5. Januar 1921 im Dorf Konolfingen (Kanton Bern) geboren. Seine Eltern, der Pfarrer Reinhold Dürrenmatt und dessen Frau Hulda Dürrenmatt-Zimmermann, waren lange kinderlos geblieben. Im Jahre 1924 wird ihnen dann noch eine Tochter geboren: Dürrenmatts Schwester Vroni. Reinhold Dürrenmatt war vierundzwanzig Jahre lang Pfarrer in Konolfingen. Erst 1935 siedelt die Familie nach Bern über, wo er die Stelle eines Seelsorgers am Salemspital und am Diakonissenheim übernimmt. Weder das Elternhaus noch der Protestantismus der Familie scheinen die Jugendjahre des Autors entscheidend geprägt zu haben. Man hat gelegentlich versucht, ein protestantisches Glaubensbekenntnis in Dürrenmatts Werk hineinzulesen – ein Argument, das allerdings kaum überzeugt. Auch hier ist die ironische Selbstdarstellung des Autors (»Ich bin ein Protestant und protestiere.« [A 6; 45]) zum Auslöser für wenig fruchtbare Spekulation geworden. Eher scheint das Vorbild des Großvaters Ulrich Dürrenmatt, des militant-konservativen Berner Groß- und Nationalrats, der dichtend Bürokratismus und Krämergeist bekämpfte und für eines seiner Gedichte eine zehntägige Gefängnisstrafe verbüßte, indirekt die Entwicklung des jungen Friedrich Dürrenmatt beeinflußt zu haben. Ulrich Dürrenmatt wurde 1849 geboren und starb 1908, lange vor der Geburt des Enkels; dieser jedoch soll mit den nonkonformistischen satirischen Streitgedichten seines Großvaters wohlvertraut sein.

Am stärksten indessen prägt den Heranwachsenden ohne Zweifel die ländliche Gemeinde Konolfingen, wo er bis 1933 die Primarschule besucht. Als Zentrum der lokalen Milchverarbeitung und als Sitz anderer Industriezweige gewinnt Konolfingen eine gewisse wirtschaftliche Bedeutung, die wiederum einen ständigen Zustrom von Lastwagen- und Zugverkehr mit sich bringt. Sektiererei und ein deutlicher Zug zum Krämertum bestimmen die Atmosphäre des Dorfes. Später als in Deutschland, in den Jahren nach 1935, erreichten die Auswirkungen der Weltwirtschaftskrise die Schweiz, und im Zuge der allgemeinen mittelständischen Verarmung büßten auch Dürrenmatts Eltern einen Großteil ihres Vermögens ein. Dies mag mit einer der Gründe gewesen sein, die den Umzug nach Bern bewirkten. Zunächst jedoch bietet das Dorf die Stätte einer friedlichen Kindheit, deren Tageslauf vom Fußballspiel, der Lektüre von Sagen und mythologischen Berichten sowie von Ausflügen in den Umkreis der Gemeinde bestimmt wird. Zur Jugendlektüre gehören, keineswegs atypisch, neben Karl May und »Gullivers Reisen« auch Jules Verne und Gotthelfs »Schwarze Spinne«. Ein gewisses Einzelgängertum des Jungen erklärt sich durch die soziale Stellung des Vaters, die zu Anfeindungen durch die weniger privilegierte Bauernjugend führte. Dürrenmatt selbst nennt die Umgebung des Dorfes im nachhinein eine »gespenstische Idylle« (E 23; 11). Weder wird dem Jungen eine strikt protestantische Gottesfurcht vermittelt – eher eine vage Vorstellung »von einem rätselhaften Überonkel hinter den Wolken« (A 6; 36) –, noch dringt die Tagespolitik in sein Bewußtsein ein: »[. . .] noch abstrakter die Politik des Landes, die sozialen Krisen, die Bankzusammenbrüche, [. . .] die Bemühungen um den Frieden, das Aufkommen der Nazis, zu unbestimmt, zu bildlos alles [. . .]« (ibid.). Zu bedenken ist also, wie wenig jene prägenden Jahre gesellschaftlich-politische Einsichten förderten, Einsichten, die doch als Grundlage des späteren Werks gelten können. In Dürrenmatts eigenen Worten, zurückblickend aus dem Jahre 1965, liest sich das so: »Ich bin kein Dorfschriftsteller, aber das Dorf brachte mich hervor, und so bin ich immer noch ein Dörfler mit einer langsamen Sprache, kein Städter, am wenigsten ein Großstädter, auch wenn ich nicht mehr in einem Dorfe leben könnte.« (A 6; 30) Ab 1933 besucht Dürrenmatt die Sekundarschule der Agrargemeinde Großhöchstetten. Bis zu diesem Zeitpunkt hat er bereits sein Talent im Zeichnen und Malen entdeckt. Der Dorfmaler von Konolfingen stellt ihm sein Atelier zur Verfügung und fördert die Neigung des Jungen. Die ersten Motive seiner Malerei: »Sintfluten und Schweizerschlachten«. Dieser Hang zum Zeichnen und Malen hat sich bis heute erhalten, und ein deutlich bildhafter, fast plakativer Zug läßt sich analog am Bühnenwerk nachweisen.

Zur Zeit der Übersiedlung der Dürrenmatts nach Bern beginnt sich der außenpolitische Konflikt, gefördert durch die Expansionspolitik des Dritten Reiches, zuzuspitzen. Zwar hatte die Schweiz zunächst eine wohlwollende Neutralität bewahrt, doch die Entwicklung, die erstmals in dem »Anschluß« Österreichs an das nationalsozialistische Deutschland gipfelt, zwingt sie sukzessive zur ideologischen Abgrenzung, später, nach dem Fehlschlagen der Appeasement-Politik der Westmächte, zur prekären Gratwanderung kleinstaatlicher Defensivität.

Von einer Stellungnahme des Heranwachsenden zu diesen Vorgängen ist nichts bekannt. Friedrich Dürrenmatt, der zunächst auf zweieinhalb Jahre das Berner Freie Gymnasium besucht, sich dort allerdings nicht wohl fühlt, wird 1937 auf das Humboldtianum umgeschult. Hier besteht er 1941 die Maturitätsprüfung. Noch während der Schulzeit schwankt er zwischen dem vom Vater angeratenen philosophischen Studium und der Malerei als Beruf. Dürrenmatt war nie ein guter Schüler; er hatte »[. . .] immer Schwierigkeiten in der Schule.« (E 24; 16) In einem späteren Gespräch bezeichnet er einmal die Schulzeit als die »übelste« seines Lebens. Bereits zu dieser Zeit muß er sich mit Texten der Expressionisten befaßt haben, vor allem mit denen Georg Kaisers. Wenig später dürfte dann die Rezeption von Kafkatexten eingesetzt haben. (Dürrenmatt selbst bestreitet übrigens jeden Einfluß Kafkas auf seine frühen Arbeiten [E 25; 9] – der philologische Befund widerspricht indessen seinem Gedächtnis.) Ebenfalls in die Schulzeit fällt die Lektüre philosophischer Autoren: Schopenhauer und Nietzsche liest Dürrenmatt »mehr wie Romane« (A 8; 267). Im Jahre 1941 beginnt er sein Studium der Philosophie, der Naturwissenschaften und der Germanistik in Zürich. Dort eignet er sich – in den Vorlesungen Emil Staigers – eine deutliche Abneigung gegenüber der Literaturwissenschaft an, die er wohl nie ganz überwunden hat. Bereits nach einem Semester zieht er nach Bern, wo er seine Studien fortsetzt, u. a. bei Fritz Strich und Emil Ermatinger. Dürrenmatt selbst bezeichnet seine Haltung während der Kriegsjahre als »extrem unpolitisch« (E 24; 18). Schwerpunktmäßig, wenn auch ohne eigentliche Zielrichtung (»Ich war ein ziemlich verbummelter Student« [A 8; 267]), studiert er bis 1945 zehn Semester Philosophie. Am stärksten beschäftigten ihn Kierkegaard und Platon; Hegel bleibt ihm – bis heute – unverständlich, Heidegger lehnt er ab. Neben den Expressionisten, Kafka und Ernst Jünger setzt er sich erstmals mit Aristophanes und den Tragödiendichtern der Antike auseinander, auch die Spuren des Einflusses von Wedekind, Karl Kraus und Fontane reichen in die Studienjahre zurück. Vaihinger, Eddington, Kant und vor allem Karl Popper gewinnen erst später Bedeutung für Dürrenmatt. Seiner eigenen Angabe einer geplanten Dissertation mit dem Titel ›Kierkegaard und das Tragische‹ wird man nicht zuviel Gewicht beimessen, datieren doch die ersten literarischen Versuche bereits ins Jahr 1943. Der Entschluß gegen eine akademische Karriere und für die Schriftstellerei muß etwa gleichzeitig gefallen sein.

Dem ersten, unveröffentlichten Stück »Komödie« (1943), das offenbar stark Kafka und Kaiser verpflichtet ist, folgen die frühen

Erzähltexte, die der gleichen Tradition verhaftet bleiben. Eine Auswahl wird erst 1952 in der Sammlung »Die Stadt« veröffentlicht. Die Erzählung »Der Alte« ist Dürrenmatts erste Publikation. Von 1945 bis zum März 1946 – vor seiner Übersiedlung nach Basel im Winter 1946 – schreibt Dürrenmatt an seinem ersten veröffentlichten Bühnenstück »Es steht geschrieben«. Es wird 1947 uraufgeführt. Im gleichen Jahr heiratet der Autor die Schauspielerin Lotti Geißler, die er 1946 in Bern kennengelernt hatte. Das Ehepaar zieht nach Ligerz am Bieler See, wo es von 1949 bis 1952 in der »Festi« lebt. Ihm werden drei Kinder geboren – Peter, Barbara und Ruth. Die ersten Jahre der Tätigkeit als freier Schriftsteller stehen im Zeichen bedrohlicher finanzieller Unsicherheit. Sie umfassen die erste Schaffensphase der Zeit von 1943 bis 1951. (Die im folgenden gebrauchte Einteilung in *vier Schaffensphasen* – 2. Phase: 1952 bis 1966; 3. Phase: 1967–1972; 4. Phase: ab 1973 – wird werkgeschichtlich in den nachstehenden Kapiteln im einzelnen belegt.) 1949 entsteht das Stück »Turmbau von Babel«, das vom Autor vernichtet wird. Dürrenmatt verfaßt im Auftrag von Walter Lesch, dem Leiter des Basler ›Cabaret Cornichon‹, drei Sketchs und ein Chanson (»Die Amtssprache«, »Der Erfinder«, »Der Gerettete« und »Politik«) für die Kabarettvorstellungen. Möchte man den Zeitpunkt des Beginns einer intensiven Auseinandersetzung mit tagespolitischen Fragen exakt festlegen, so bieten sich die gelungenen Kabarett-Texte als frühe Prototypen der späteren Komödien an. Sie treffen auf den weltpolitischen Hintergrund des beginnenden atomaren Wettrüstens, der ideologischen Polarisierung von West und Ost im Zuge des Marshallplans und der Roll-back-Strategie, die dann zum Kalten Krieg gedieh, der Berlinblockade und der Gründung der beiden deutschen Staaten. Die Reaktion der Schweiz – verstärkter Isolationismus und pointiertes Abrücken von den jeweiligen Lagern, zugleich aber ein klarer Antikommunismus – bestimmt von Anfang an den Skeptizismus des zeitpolitischen Engagements Dürrenmatts. Die »Sätze für Zeitgenossen« (1947/48) sind Ausdruck seiner Position dieser Jahre, die dann in die literarische Produktion bis mindestens zur Entstehung der »Physiker« (1961) hineinwirkt: »Es gibt jetzt nichts Billigeres als den Pessimismus und nicht leicht etwas Fahrlässigeres als den Optimismus.« (A 6; 81) Schon hier werden die Grundlagen des späteren ›ideologiefeindlichen‹ Engagements sichtbar, das sich sorgsam zwischen der westlichen und der östlichen Front einpendelt; dessen Erkenntnis aber »Der Neubeginn blieb aus« (A 8; 272) als politische Einsicht zu deuten ist, die sich keineswegs ahistorisch im luftleeren Raum ansiedelt.

Bereits 1952 sind die härtesten Jahre überwunden, zunächst dank der Unterstützung durch Mäzene und Stiftungen, dann durch Aufträge der Medien, die ein geregeltes Einkommen sichern. Für sein Wiedertäuferstück hatte der Autor bereits den Preis des Gemeinderats der Stadt Bern erhalten – unter den Juroren befand sich der Freund Walter Lesch –, weitere Preise und Auszeichnungen folgen. Mit dem Beginn des Schweizer Wirtschaftswunders gelingt Dürrenmatt der langsame Durchbruch zum Brotberuf. Die Familie erwirbt ein Haus in Neuchâtel, das sie bis heute bewohnt. Auch ein Stammverlag findet sich Anfang der fünfziger Jahre: der Verlag der Arche unter Peter Schifferlis Leitung, der in der Folge Dürrenmatts Werk mit wenigen Ausnahmen vertreiben wird. Ein erster Hörspielversuch (»Der Doppelgänger« [1946]) war zunächst von Studio Bern abgelehnt worden. Hörspielaufträge der deutschen Rundfunkanstalten dienen dann als Anstoß für die Produktion von sieben weiteren Funkspieltexten während der Jahre von 1951 bis 1956. Als Experimentierfeld des Bühnenautors verdienen die Funkspiele besondere Beachtung, teils als Vorwegnahme, teils als Gegenentwurf zu den Stücken. Für »Die Panne« (1956) erhält Dürrenmatt 1956 den deutschen Hörspielpreis der Kriegsblinden; das letzte Funkspiel »Abendstunde im Spätherbst« (1956) wird 1958 mit dem Prix d'Italia ausgezeichnet. Gleichzeitig mit der Hörspielproduktion beginnt Dürrenmatt, Detektivromane zu schreiben. Die beiden ersten Texte – »Der Richter und sein Henker« (1950/51) und »Der Verdacht« (1951/52) – erscheinen in Fortsetzungen im ›Schweizerischen Beobachter‹ und sichern dem Autor schnell ein beträchtliches Leserpublikum. Auch sie, wie die übrige Erzählprosa der fünfziger Jahre, sind vom größeren Kontext der werkgeschichtlichen Entwicklung nicht abzulösen und in ihrer wechselseitigen Beeinflussung gegenüber dem Bühnenwerk keineswegs zu unterschätzen.

In die beginnenden fünfziger Jahre fallen auch die ersten theoretischen Stellungnahmen zum Theater. Sie markieren den Beginn einer noch heute andauernden Auseinandersetzung mit dem Medium der Bühne, die ab 1954 (erste Eigeninszenierung des Autors: »Die Ehe des Herrn Mississippi« in Bern) durch praktische Theaterarbeit erweitert und vertieft wird. Dieser direkte Bezug zur Bühne prägt nicht nur den Charakter der Stücke entscheidend, er bestimmt darüber hinaus die Entwicklung des Autors und seine Ansätze der gesellschaftlichen Theoriebildung. Dürrenmatts Dramaturgie, die er erstmals in den »Theaterproblemen« (1954) gesellschaftlich begründet, wirkt derart unmittelbar auf seine Aussagen zur Gesellschaft – vor allem die späteren Essays und Reden –, so daß jene häufig nur unter dem Aspekt ihrer dramaturgischen Grundkonzeptionen schlüssig werden.

Die zweite Schaffensphase der Jahre 1952 bis 1966 steht unter dem Zeichen intensiver Bühnenproduktion. Aus den beiden Erstlingsstücken »Es steht geschrieben« und »Der Blinde« (1948), die ohne Erfolg uraufgeführt und vom Autor bereits 1949 für jede weitere Aufführung gesperrt wurden, hat Dürrenmatt die nötigen Lehren gezogen. Sein drittes veröffentlichtes Stück, »Romulus der Große« (1948), nimmt in entscheidenden Teilaspekten die spätere Komödientheorie vorweg. In seinem Verzicht auf die noch stark dem Expressionismus verpflichtete Reihungstechnik des Erstlings und die thesenhafte Anlage des »Blinden« und in seiner betont antiillusionistischen Konzeption steht es der Dramaturgie Wilders von allen Stücken Dürrenmatts vielleicht am nächsten. Den Beginn einer Auseinandersetzung mit Brecht und zugleich die Hinwendung zu zeitgenössischen, gesellschaftsbezogenen Stoffen belegt dann »Die Ehe des Herrn Mississippi« (1950), ein komödiantisch karikierter Totentanz der herrschenden Ideologien. Mit diesem Text begründet Dürrenmatt seinen Erfolg auf den Bühnen der Bundesrepublik. Wie sein Landsmann Max Frisch findet er dort ein Vakuum vor, das die Theaterszene der Jahre der Währungsreform und des Wiederaufbaus kennzeichnet: Nach den Stücken der ersten Generation der heimgekehrten Bühnenautoren, für die Brecht, Borchert und Zuckmayer standen, sollte mehr als ein Jahrzehnt vergehen, bis ein nennenswerter Fundus ›neuer‹ deutschsprachiger Theaterstücke sich herausgebildet hatte.

Der Durchbruch zur Weltgeltung als Bühnenautor gelingt Dürrenmatt mit seiner »tragischen Komödie« der Hochkonjunktur: dem »Besuch der alten Dame« (1955). In der gelungenen Verbindung einer Ableitung gesellschaftlicher Befunde – hier das Resultat seiner Brecht-Rezeption – mit dem »Modell« der Komödie, das über Elemente der umgebenden Realität, nachdem sie einmal Bestandteil des Spielkontexts wurden, freizügig verfügen kann, vervollkommnet Dürrenmatt die in »Romulus der Große« und »Die Ehe des Herrn Mississippi« erprobte Form einer parteilosengagierten Dramaturgie, die für ihn fortan verbindlich bleiben wird. Charakteristisch für die nun voll entwickelte Ästhetik ist eine Komödienstruktur, die sich, im Gegensatz zum herkömmlichen Lustspiel, nicht auf das Einverständnis des Rezipienten verläßt, sondern jenen mit überraschenden Wendungen düpiert und ihn beständig durch den Einsatz grotesker Stil- und Darstellungsmittel sowohl befremdet als auch in Atem hält. Nicht umsonst hat Dürrenmatt in der schon 1952 veröffentlichten »Anmerkung zur

7

Komödie« das Groteske als »[. . .] eine der großen Möglichkeiten, genau zu sein« (A 6; 137) bezeichnet und es unter die dramaturgischen Waffen des »Moralisten« gerechnet. Noch arbeitet er im »Besuch« mit der gezielten Illusionszerstörung bzw. -aufhebung Wilderscher Provenienz wie mit den Mitteln der epischen Bühne, ohne allerdings Lehrstückcharakter anzustreben. Das Stück wird zum Erfolg der Theatersaisons 1956 und 1957 und geht über fast alle Bühnen der westlichen und nicht wenige der östlichen Welt.

Auch Film und Fernsehen adaptieren Dürrenmatts Stücke. Das Hörspiel »Die Panne« wird 1957 als Fernsehspiel bearbeitet. Als Gegenentwurf zum Drehbuch »Es geschah am hellichten Tag« (1958) entsteht im gleichen Jahr der Roman »Das Versprechen«. »Die Ehe des Herrn Mississippi« wird 1961 verfilmt. Eine Filmversion von »Der Besuch der alten Dame« wird 1963/64 gedreht, nachdem das Stück in der von Maurice Valency übersetzten und bearbeiteten Broadwayinszenierung schon 1958 seinem Autor den New Yorker Kritikerpreis eingetragen hatte. Wie eine Reihe anderer Dürrenmatt-Texte ist auch »Der Besuch der alten Dame« vertont worden. Aufschluß über die jeweiligen Bearbeitungen geben die nachstehenden Kapitel der Darstellung des Werks.

Mit den öffentlichen Ehrungen – am 9. 11. 1959 erhält Dürrenmatt den Mannheimer Schillerpreis, am 4. 12. 1960 dann den Großen Preis der Schweizerischen Schillerstiftung in Zürich – vertieft sich zugleich das gesellschaftskritische Engagement. Deutliche Kritik an seiner Schweizer Heimat hatten bereits die Funkspiele, insbesondere »Herkules und der Stall des Augias« (1954), am schärfsten »Stranitzky und der Nationalheld« (1952) geleistet. Mit dem »Besuch der alten Dame« spitzt sich diese Kritik zur moralischen Anklage des kapitalistischen Systems zu. Später folgen dann: »Die Heimat im Plakat. Ein Buch für Schweizer Kinder« (1963) und das Kabarettstück »Die Hochzeit der Helvetia mit dem Merkur« des gleichen Jahres. Ein Vers aus dem unveröffentlichten Text lautet: »Schweizervolk kannst glücklich sein, du gingst aus der Geschichte in die Geschäfte ein.« – Will man diese Kritik in eine Formel fassen, so bietet sich das Aperçu der militanten Neutralität an. Abgesehen von einer deutlichen Radikalisierung der antibürgerlichen Stoßrichtung, wie sie vor allem dann die dritte Arbeitsphase der Jahre von 1967 bis 1972 kennzeichnen wird, hat sich diese Position bis heute nicht grundsätzlich geändert. Der für Dürrenmatt spezifische Zug, den er bereits in den »Theaterproblemen« zum Ausgangspunkt seiner gesellschaftlichen Begründung der Komödie erhebt, ist ein tiefgehender Geschichtspessimismus, der – wenn überhaupt – wenig Raum für eine Verbesserung der bestehenden Verhältnisse läßt. Hierin unterscheidet sich Dürrenmatt von anderen Autoren seiner Generation und seines Umkreises, nicht zuletzt auch von Frisch. Engagement bedeutet für ihn in erster Linie Emanzipation zum Erkennen, zum Protest: »Ich glaube, man kann sich mit keiner Gesellschaft, die existierte, existiert und existieren wird, vollständig identisch erklären, sondern wird gegen sie immer auf irgendeine Weise Stellung beziehen müssen. Die Opposition ist Sache der Dichtkunst, und Opposition braucht die Menschheit, weil es nur im Dialog mit anderen Menschen ein Weiterentwickeln der Dinge, der Gedanken gibt.« (E 20; 40)

Überall dort, wo sich Dürrenmatt über eine allgemein emanzipatorische Strategie seiner Texte hinaus um die Vermittlung einer Lehre (im Sinne der in gesellschaftliche Praxis umsetzbaren Einsicht) bemüht, überschreitet er formal die vorgegebenen Grenzen seiner Dramaturgie. Dies betrifft vor allem »Frank der Fünfte«, die »Oper einer Privatbank«, die 1958 aus der Zusammenarbeit mit dem Operettenkomponisten Paul Burkhard hervorgeht und die – mit »Ein Engel kommt nach Babylon« (1953) – formal am unmittelbarsten von allen Stücken in die Umgebung Brechts verweist. Doch indem Dürrenmatt der Literatur die Möglichkeit abspricht, gesellschaftliche Entwicklungen und Prozesse wissenschaftlich freizulegen (am schärfsten hat er dies in den »Theaterproblemen« bestritten), indem er darüber hinaus der Geschichte selbst jede Linearität abspricht und sie als Sequenz von Zufälligkeiten, bestenfalls isolierten Kausalitäten ansieht, stellt er sich in direkten Gegensatz zur Dramaturgie Brechts, auch wenn er deren Mittel gebraucht. In seiner Schillerpreisrede aus dem Jahre 1959 führt er diese Auseinandersetzung mit Brecht fort und distanziert sich selbst programmatisch von einer Dramaturgie, die einen gesellschaftlichen Veränderungsanspruch repräsentiert. Trotzdem versucht er noch einmal, in der Bühnenfassung von »Herkules und der Stall des Augias« (1962), ein kabarettistisches Lehrstück zu verwirklichen, allerdings ohne viel Erfolg. – Mit »Die Physiker« erreicht Dürrenmatt die totale Absage an das Illusionstheater und zugleich die Verwirklichung einer *Dramaturgie der Antizipation*, des geschlossenen Gegenentwurfs zur umgebenden Wirklichkeit. Das Stück wird zum Theatererfolg der Saison 1962/63. Es erzielt allein in dieser Zeitspanne 1598 Aufführungen an deutschsprachigen Bühnen und liegt damit weit vor Frischs »Andorra«, dem zweiten Erfolgsstück der Spielzeit, das es auf 934 Aufführungen bringt. Mit »Der Meteor« (1964/65) und »Die Wiedertäufer« (1966), der komödiantischen Neufassung des Erstlings »Es steht geschrieben«, festigt

Dürrenmatt seine internationale Anerkennung als einer der bedeutendsten Bühnenautoren deutscher Sprache nach Brecht.

Schon während der zweiten Schaffensphase bis hin zum Jahr 1975 unternimmt der Autor ausgedehnte Reisen. Nach einer Rundreise durch die Vereinigten Staaten, deren Fazit in Form des Vortrags »Amerikanisches und europäisches Drama« (1960) zu einer ersten abgrenzenden Stellungnahme gerät, verstärkt sich der publizistische Niederschlag der Reisen. Der Bericht »Meine Rußlandreise« (1964) schildert die Eindrücke einer Fahrt durch die Sowjetunion im gleichen Jahr, während der Dürrenmatt neben Moskau und Leningrad auch Armenien, Georgien und die Ukraine besucht. Den Anstoß zu dieser Reise bildete die Einladung der Gesellschaft Schweiz-Sowjetunion zur Feier des 150. Geburtstags von Taras Schewtschenko. Die für eine Schewtschenko-Feier in Kiew vorgesehene Rede wird allerdings »verhindert«; Dürrenmatt veröffentlicht sie dann in der ›Schweizer Illustrierten‹ (13. 7. 1964). Sein Resümee der Reise besteht in erneuter Ablehnung des Marxismus als »geistige Macht«, als lebensfähige Doktrin und damit plausible Alternative. In den »Sätze[n] aus Amerika« (1970) schlagen sich die Erfahrungen einer Fahrt in die Vereinigten Staaten, nach Mexiko und Puerto Rico nieder, die der Autor vom November 1969 bis zum Januar 1970 anläßlich der Verleihung der Ehrendoktorwürde der Temple University in Philadelphia unternimmt. Später folgen Ehrenpromotionen in Jerusalem und Nizza (beide 1977); die Reiseeindrücke aus Israel haben teilweise Eingang in den Israel-Essay gefunden.

Im Zuge eines erwachenden politischen Bewußtseins während der Studentenbewegung nimmt in der dritten Schaffensphase der Jahre von 1967 bis 1972 die publizistische und essayistische Produktion deutlich zu. Ein Interview anläßlich des Schweizer Nationalfeiertags am 1. 8. 1966 wird zum Anlaß verschärfter Kritik an der Schweiz, die in ihrem Bürokratismus und in ihrer Obrigkeitshörigkeit als »Angsthase Europas« ironisiert wird. Mit der Rede »Varlin schweigt« (1967) greift Dürrenmatt verspätet und wenig überzeugend in den Züricher Literaturstreit ein. Er argumentiert jedoch nicht politisch, wie dies manche seiner Vorredner vom Dezember 1966 bis zum März 1967 getan hatten, sondern kulturkritisch, indem er einmal die »heile Welt« der Klassiker angreift, zum anderen aber auf eine Freiheit der Kunst gegenüber der Gesellschaft pocht, die bei genauerer Betrachtung hinter die gesellschaftskritischen Positionen seiner eigenen Texte zurückfällt. Die Rede verrät wohlmeinendes Engagement, allerdings auch gedankliche Inkonsequenz, eine Tendenz zur verflachenden Verallgemeinerung, zum verwässernden Aperçu, wie sie sich an der nun einsetzenden Essayproduktion hier und dort belegen läßt. Es folgen, noch 1967, die Rede »Israels Lebensrecht« im Züricher Schauspielhaus und der im Folgejahr zunächst als Rede vor Mainzer Studenten gehaltene »Monstervortrag über Gerechtigkeit und Recht«, der dann 1969 mit dem Untertitel »Eine kleine Dramaturgie der Politik« im Druck vorliegt; ferner der Essay »Tschechoslowakei 1968« und eine Reihe kritischer Stellungnahmen zum Kulturbetrieb, insbesondere der Schweiz: »Zwei Dramaturgien« (1968), »Für eine neue Kulturpolitik« (1969), »Ich bin Schweizer« (1969) u. a. Die Verleihung des Großen Literaturpreises der Stadt Bern im Oktober 1969 gerät zum Skandal: Dürrenmatt distanziert sich in seiner Rede »Über Kulturpolitik« vom Kulturbetrieb der Schweiz und verteilt den mit 15 000 Franken dotierten Preis zu je einem Drittel an den Schriftsteller Sergius Golowin, den Journalisten Ignaz Vogel und den Berner Großrat Arthur Villard. In einer nochmaligen Standortbestimmung legt er seine *Dramaturgie des kritischen Theaters* auf dem schmalen Grat zwischen|»Wissenschaft« und »Kritik« fest und siedelt sie ausdrücklich im Vorfeld der Politik an| (vgl. hierzu unten S. 89 f). Seinen vorläufigen Abschluß erreicht das Essaywerk mit dem 1976 veröffentlichten »Essay über Israel«.

Zugleich mit der Verschärfung der zeitgenössischen Parteinahme und der dramaturgischen Konzeption politischer Modelle setzt eine Phase der praktischen Bühnenarbeit ein. Immer häufiger versucht sich Dürrenmatt an (selbstkritischen) Bearbeitungen früherer Texte. Hier ist indessen zu differenzieren zwischen Neufassungen, die aus einer modifizierten Auffassung dramaturgischer Fragen resultieren – das betrifft im allgemeinen die Bearbeitungen früherer Stücke bis hin zu »Die Wiedertäufer« und »Mississippi 1970« – und Bearbeitungen, deren Ziel die Aktualisierung eines Bühnentextes ist. Letzteres kann für die Shakespeare- und Strindberg-Bearbeitungen sowie die Goethe- und Büchner-Inszenierungen der Jahre von 1968 bis 1972 gelten. Im Herbst 1968 entscheidet sich Dürrenmatt – wenn auch vorübergehend – hauptberuflich für die praktische Theaterarbeit. Er tritt als künstlerischer Berater und Mitglied der Direktion den Basler Bühnen bei. Die Zusammenarbeit mit dem Regisseur Werner Düggelin dauert indessen gerade ein Jahr. In dieser Zeit entstehen die Bearbeitungen von Shakespeares »König Johann« (1968) und Strindbergs »Totentanz« (1968/69), die in jeder Hinsicht als vollwertige Dürrenmattsche Stücke anzusehen sind. In ihrem spezifischen Verhältnis zur literarischen Tradition und in der jeweiligen Aktualisierung der gesellschaftlich-politischen Stoßrichtung müssen sie, deutlicher als dies bislang geschah, im Zuge der Politisierung der Dürrenmattschen Dramaturgie seit 1967 und eines gewandelten Literaturbegriffs, wie er der allgemeinen Politisierung der späten sechziger Jahre in Westeuropa entspricht, gesehen werden. Zugleich zeichnet sich der Beginn einer Modifizierung des Komödienkonzepts ab, die sich dann sowohl im Experiment »Porträt eines Planeten« (1967–70) als auch in den neueren Stücken niederschlägt.

Im Oktober 1969 zieht sich der Autor, nachdem er schon im Frühjahr einen Herzinfarkt erlitten hatte, aus der Direktion der Basler Bühnen zurück. Der Bruch mit Düggelin gelangt an die Öffentlichkeit, und Dürrenmatt bedient sich der Presse, um seine Haltung ins rechte Licht zu rücken. Im Mai 1970 tritt er dann dem Verwaltungsrat der Neuen Schauspiel AG in Zürich und der Leitung des Schauspielhauses als künstlerischer Berater des Intendanten Harry Buckwitz bei; er inszeniert dort seine Bearbeitung des »Urfaust«. Im gleichen Jahr führt er Regie bei der Düsseldorfer Uraufführung seiner Adaption von Shakespeares »Titus Andronicus«. Ebenfalls in Düsseldorf wird nach vier Jahren wieder ein neues Stück uraufgeführt: das Endzeitszenarium »Porträt eines Planeten«, das deutlich absurdistische Züge trägt. Weder die Düsseldorfer Bearbeitungen noch die 1971 veröffentlichte Erzählung »Der Sturz« noch eine 1972 aufgeführte Züricher Inszenierung von Büchners »Woyzeck« finden den Beifall von Kritik und Publikum. Im Frühjahr 1972 verläßt Dürrenmatt dann die Neue Schauspiel AG, nachdem er in einem aufsehenerregenden, von Hans Habe angestrengten Gerichtsverfahren der Ehrverletzung gegenüber dem Kläger schuldig befunden worden war. Auch seine publizistische Tätigkeit als Mitherausgeber des Züricher ›Sonntags-Journals‹, in dem er verschiedentlich an die Öffentlichkeit getreten war, umspannt nur die Jahre von 1969 bis 1971. – »Play Strindberg« ist bis heute sein letztes Erfolgsstück geblieben. Das »Porträt« erringt bestenfalls einen Achtungserfolg, und die 1973 in Zürich uraufgeführte Komödie »Der Mitmacher« stößt auf die einhellige Ablehnung von Kritik und Publikum. Das Stück wird erst 1976 veröffentlicht, zusammen mit einer ausführlichen dramaturgischen Standortbestimmung, der bislang eindringlichsten sprachtheoretischen Untersuchung, in der sich der Autor wie im jüngeren Essaywerk ausdrücklich auf naturwissenschaftliche Denkprozesse beruft. Während der 1973 einsetzenden vierten Schaffensphase gelangt 1977 die Komödie »Die Frist« zur Uraufführung in Zürich. Die Reaktionen von Kritik und Publikum sind bestenfalls verhalten. Auf die Gründe dieser negativen Rezeption der neueren dramaturgischen Versuche wird unten im einzelnen einzugehen sein. Der praktischen Bühnenarbeit als Spielleiter bleibt der Autor auch weiterhin verpflichtet. Teilweise aufsehenerregende Wiederaufführungen älterer Stücke führen zur erneuten Auseinandersetzung mit dem Text und seiner Realisierung auf der Bühne. Ein Beispiel liefert etwa die Wiener Inszenierung des »Meteor« vom Herbst 1978, in der Dürrenmatt den Schluß des Stückes zur ausgesprochenen Provokation zuspitzt.

Am 6. 3. 1977 wird Dürrenmatt in Frankfurt die Buber-Rosenzweig-Medaille verliehen. Seine zu diesem Anlaß gehaltene Rede »Über Toleranz« schließt gedanklich an den Israel-Essay an und rekapituliert die früher entfaltete Dramaturgie der Politik nun auf der Grundlage einer breiter angelegten Geschichtskonzeption. Darüber hinaus vermittelt sie Aufschluß über die philosophischen Grundlagen des Autors, vor allem über die neueren Bezüge zum naturwissenschaftlichen Denken. Auch auf dem Gebiet der nach eigener Maßgabe bloß als Liebhaberei betriebenen bildenden Kunst hat Dürrenmatt in jüngster Zeit von sich reden gemacht. Mit Überraschung registriert man das öffentliche Auftreten des Malers, hatte dieser immerhin in einem Autorengespräch des Jahres 1976 diese Möglichkeit weit von sich gewiesen: »Ich will es nicht. Ich will ja nicht auch noch als Maler auftreten.« (E 24; 36) Noch im gleichen Jahr erfolgt eine erste Ausstellung der Zeichnungen und Gemälde im Hôtel du Rocher in Neuchâtel. 1978 veranstaltet die Züricher Galerie Daniel Keel eine größere Ausstellung, als deren Resultat ebenfalls 1978 der Band »Bilder und Zeichnungen« veröffentlicht wird. Die Sammlung gibt erstmals auf breiterer Basis Einblick in das Schaffen des Freizeitmalers und -zeichners; bislang lagen nur Randskizzen und einige verstreute Arbeiten in Einzelausgaben der Texte vor.

Auffallend ist der oftmals enge Bezug der Bilder zu der literarischen Produktion, sei es als bildhafte Vorwegnahme, als Verdichtung des Szenischen oder als begleitende Umsetzung. So steht, um nur einige Beispiele zu nennen, *Kreuzigung I* (F 1; 1) im direkten Werkkontext der frühen Erzählung »Pilatus«, *Die Welt als Theater* (ibid. 4) verweist auf die Schlußszene des Stückes »Es steht geschrieben«, die Federzeichnungen *Stranitzky und der Nationalheld I* und *II* liefern jeweils bildhafte Deutungen des vorangegangenen Funkspiels. Von den zahlreichen Illustrationen der Stücke wird unten noch weiter die Rede sein. Die Motive der Bilder erhellen nicht nur die Ästhetik des Bühnenbildners, sie verweisen darüber hinaus auf die mythischen Wurzeln seines Vorstellungsbereichs. Eindeutig dominieren mythologische, archetypische Situationen, die das Bild darzustellen vermag, wo sie sich der Umsetzung in Sprache entziehen: Apokalyptisches, Päpste, byzantinische Heilige, Kaiser und Eunuchen, Kannibalen, Labyrinthe und Darstellungen des Minotaurus bevölkern diese Bilderwelt, die bestimmte Sprach- und Bildbereiche der literarischen Produktion gleichsam übersteigert, indem sie sie in der surrealen, ahistorischen Allegorie bannt.

Dürrenmatt selbst merkt hierzu an: »Sie [sc. die Malerei] als ›intellektuelle Aussage‹ darzustellen ist Unsinn. [. . .] Ich male technisch wie ein Kind, aber ich denke nicht wie ein Kind. [. . .] Malerei als eine Kunst, ›schöne Bilder‹ zu machen, interessiert mich nicht, ebenso wie mich die Kunst, ›schönes Theater‹ zu machen, nicht interessiert.« (F 1; »Persönliche Anmerkung«). Die »künstlerische Isolation« (E 23; 131), in der sich der Autor heute zugegebenermaßen befindet, geht einher mit einem seit dem Beginn der siebziger Jahre immer gespannteren Verhältnis zu Kritik und Publikum. In seinem »Lesebuch« (1978) versammelt der Autor eine Reihe veröffentlichter und unveröffentlichter Texte, darunter auch eine überarbeitete Fassung von »Die Frist«. Hier läßt er seinem Unwillen gegenüber der Kritik gereizt freien Lauf, wenn er vermerkt: »Es ist leichter, ein Stück schlecht zu finden als gut, doch ist es wiederum schwerer, gut zu verurteilen als schlecht, besonders weil meistens die schlechten Urteile für die guten gehalten werden.« (A 8; 142) Es scheint, als ob die literarische Produktion zumindest seit 1971 Bestandteil einer künstlerischen Neuorientierung sei, eine, in den Worten Dürrenmatts, Reihe von »Sackgassen« (E 24; 44 f.), Standortbestimmung und zugleich Weiterentwicklung. Der Rechenschaftsbericht »Stoffe«, der Aufschluß über vergangene und gegenwärtige Positionen verspricht, ist bisher noch nicht erschienen. Wohin die künstlerische Entwicklung Dürrenmatts führen wird, läßt sich heute nicht mit Gewißheit voraussagen. Daß er sich indessen weder aus der Öffentlichkeit noch aus der Theaterarbeit zurückgezogen hat, zeigt sein am 24. 2. 1979 in der ETH Zürich gehaltener Vortrag »Albert Einstein« (zugleich die bislang jüngste Buchveröffentlichung).

Folgt man der oben skizzierten Unterteilung in bislang vier verschiedene Werkphasen, so wird ersichtlich, daß die erste Phase der Jahre von 1943 bis 1951 noch unentschieden zwischen Erzählprosa und Bühnentexten schwankt. In der zweiten Schaffensphase setzt sich dann die Arbeit für die Bühne durch; eher am Rande stehen trotz ihrer großen Verbreitung die Detektivromane und die Erzähltexte »Die Panne« und »Grieche sucht Griechin«. Erst 1971, gegen Ende der dritten Werkphase, veröffentlicht Dürrenmatt mit »Der Sturz« wieder einen Erzähltext, seine bislang letzte Prosaarbeit, wenn man einmal von den Teilveröffentlichungen im »Mitmacher«-Komplex und im »Lesebuch« absieht. Neben der Bühnenproduktion und den Erzähltexten setzt bereits mit Beginn der fünfziger Jahre auch das essayistische Werk ein. Anstoß sind die Theaterkritiken, die Dürrenmatt während der Saison 1951/52 für die ›Weltwoche‹ verfaßt. Bis hin zum Jahr 1967 gelten folglich seine essayistischen Schriften nahezu ohne Ausnahme der Bühne und dem Drama. Danach treten immer deutlicher zeitkritische, politische und gesellschaftliche Themen in den Vordergrund der essayistischen Prosa.

Auf den ersten Blick besehen – und hier scheint man sich weitgehend einig – stehen Dürrenmatts frühe Prosatexte für sich. Es wird jedoch im folgenden zu zeigen sein, daß sie mit den ersten Bühnentexten der späten vierziger Jahre eine, wenn auch keineswegs widerspruchslose, Einheit bilden und daß in ihnen bereits die Grundlagen des späteren Schaffens vorhanden sind. Deshalb wird man künftig von einer stärkeren Werkkontinuität auszugehen haben.

1. Frühe Prosa (1943–1951)

Die Entstehung von Dürrenmatts frühen Prosaarbeiten genau zu datieren ist bisher nicht möglich gewesen. Widersprüchliche Äußerungen des Autors und der Umstand, daß alle Texte, mit Ausnahme von »Der Alte«, erheblich später veröffentlicht wurden, erschwerten eine chronologische Ordnung. Aufgrund des Vergleichs der Texte und des vorhandenen autobiographischen bzw. biographischen Materials bietet sich folgende chronologische Gruppierung der veröffentlichten Texte an (spätere Mehrfachveröffentlichungen werden nur dann berücksichtigt, wenn sie mit einer Überarbeitung verbunden sind):

a) »Der Sohn«: entst. 1943, veröffentlicht 1978 (A 8; 15–18).
»Die Wurst«: entst. 1943, veröffentlicht 1978 (A 8; 19–23).
»Weihnacht«: entst. 1943, veröffentlicht 1952 (A 5; 9).
»Der Folterknecht«: entst. 1943, veröffentlicht 1952 (A 5; 13–20).

b) »Der Alte«: entst. 1944/45, veröffentlicht 1945.

»Das Bild des Sysiphos«: entst. 1945, veröffentlicht 1952 (A 5; 35–56).

»Der Theaterdirektor«: entst. 1945, veröffentlicht 1952 (A 5; 57–71).

c) »Die Falle«: entst. 1946, veröffentlicht 1950 als »Der Nihilist« und 1952 (A 5; 73–104).

»Die Stadt«: entst. 1946; bearbeitet 1951; veröffentlicht 1952 (A 5; 107–145).

»Pilatus«: entst. 1947, veröffentlicht 1952 (A 5; 169–193).

»Der Hund«: entst. 1951, veröffentlicht 1952 (A 5; 23–34).

Für sich steht die 1952 publizierte Erzählung »Der Tunnel«; hierzu vgl. unten S. 24 ff. Aus der Aufstellung folgt zum einen, daß die Produktion von kurzer Erzählprosa tatsächlich die gesamte erste Schaffensphase durchzieht; zum zweiten aber, daß die Chronologie ihrer *Veröffentlichungen* – wie Dürrenmatts eigenes Ordnungsprinzip in der Sammlung »Die Stadt« – entstehungsgeschichtliche Spuren eher verwischt als verdeutlicht. Dürrenmatt selbst hat mehrfach diese Texte als »Vorarbeiten« zu den Bühnenstükken bezeichnet und ihre werkgeschichtliche Bedeutung sowohl durch die Angabe relativiert, sie bildeten das »Vorfeld« (A 5; 197) der Dramen, als auch durch die Betonung ihres Bekenntnischarakters. Doch die Chronologie (1951 waren immerhin schon drei Stücke uraufgeführt worden) wie auch die Verschiedenartigkeit der Prosa verbieten diese rückblickende Vereinfachung. In erster Linie sind die frühen Prosaarbeiten, gemeinsam mit den frühen Dramen, als literarische *Orientierungsversuche* anzusehen, deren Verweischarakter auf das spätere Werk keineswegs zu leugnen ist. Anders gesagt: Sie sind Entwicklungsstufen auf dem Wege von der *subjektiven Erfahrung* von Welt zu ihrer *objektivierenden Vermittlung*.

In Stil und Darstellung sind die ersten Texte ihren expressionistischen Vorbildern deutlich verpflichtet, die der Entstehungsgruppe a) häufig bis hin zur Nachahmung. So ist »Der Sohn« eine ins Grausame gesteigerte Variante des expressionistischen Generationenkonflikts: die scheinbar sinnlose Brutalisierung und Vernichtung eines Sohnes durch den Vater. Die parabelartige Erzählung besteht aus einem einzigen, reportagehaften Satzgebilde. Ähnlich schildert »Die Wurst« ein bizarres Gerichtsverfahren gegen einen Menschen, der seine Frau erschlug und »verwurstete«. Der letzte Satz der auf Kafka verweisenden Parabel ist kennzeichnend für die weltanschauliche Herkunft dieser frühen Prosa: »Die Welt wird ein ungeheures Fragezeichen.« (A 8; 23) Stilistisch gehört »Die Wurst« in den unmittelbaren Umkreis der in »Die Stadt« versammelten Texte; was sie von jenen trennt und partiell schon auf den »Tunnel« vorausweisen läßt, sind Spuren eines grausamen Humors, der Freude am grotesk-makabren Bild. Die Gleichsetzung des Ungleichwertigen – der Richter verspeist das Corpus delicti in Form einer Wurst, zugleich wird eine apokalyptische Vision gezeichnet – verbindet die Parabel mit dem wenig später entstande-

16

nen Drama »Es steht geschrieben«. Sie scheint ansatzweise bereits die spätere Komödiendramaturgie vorwegzunehmen. In »Weihnacht« (das deutlich an das Märchen der Großmutter aus Büchners »Woyzeck« erinnert) und »Der Folterknecht« scheint sich die philosophische Lektüre Dürrenmatts erstmals niederzuschlagen, vor allem Schopenhauers Pessimismus und Nietzsches Entgötterung des Universums: Daseinsekel, gepaart mit Erkenntnisunsicherheit. »Der Folterknecht« ist in seiner Umkehrung der Ausgangssituation von Kafkas »In der Strafkolonie« deutlich dessen Einfluß verpflichtet; andererseits steht er jedoch, ohne daß eine direkte Einwirkung vorläge, in der Tradition des frühen Existenzialismus, von Texten Sartres und Camus', in denen sich die Hoffnungslosigkeit und der Zerfall aller bestehender Wertsysteme im Angesicht der universellen Katastrophe spiegelt. Sprache und Bildlichkeit zeigen den prägenden Einfluß des Expressionismus: »Die Folterkammer ist die Welt. Die Welt ist Qual. Der Folterknecht ist Gott. Der foltert.« (A 5; 20) Sicherlich sind diese Zeilen Zeichen der persönlichen Krisenlage. Dürrenmatt selbst merkt dazu an: »Diese Prosa ist nicht als ein Versuch zu werten, irgendwelche Geschichten zu erzählen, sondern als ein notwendiger Versuch, mit sich selbst etwas auszufechten, oder, wie ich vielleicht besser, nachträglich, sage, einen Kampf zu führen, der nur dann einen Sinn haben kann, wenn man ihn verlor.« (A 5; 197 f.)

Als »[. . .] Ausdruck bürgerlicher Ohnmacht und bürgerlichen Entsetzens über den sich in der Nachbarschaft abzeichnenden Niedergang der abendländischen Kultur« (Knopf K 20; 15) ist diese frühe Prosa darüber hinaus ungewollter Niederschlag eben der historischen Situation, in der sich der Autor befindet, und die in Ansätzen auch in »Der Alte« Eingang findet. Dort wird in einer ahistorischen Parabel die Besetzung eines neutralen Landes (= der Schweiz) durch eine feindliche Macht (= das faschistische Deutschland) geschildert. Dürrenmatt biegt jedoch den ansatzweise politischen Konflikt um zur Frage nach dem existenziellen Sinn bzw. Sinnverlust, zu einem »Nihilismus«, den die Titelfigur – ein »Mathematiker« – verkörpert und der zum Untergang beider Systeme führt.

Ähnlich ist in »Das Bild des Sysiphos« die Kraft der Zerstörung – »[. . .] jener Fanatismus [. . .], den wir bei Menschen antreffen, die entschlossen sind, ihrer Idee die Welt zu opfern« (A 5; 43) – nicht als gesellschaftliches Phänomen gedeutet, sondern existenziell und somit als Resultat »[. . .] einer dunklen Macht, die ihre Wurzel im Bösen selber hatte und daher mit ungebrochener Kraft zu handeln fähig war.« (A 5; 49) »Der Theaterdirektor« setzt sich auf vergleichbare Weise mit dem »wilden Triumph des Bösen« auseinander, am Beispiel einer Führergestalt, deren Siegeszug von der Bühne auf die Welt (= die Stadt) übergreift. Ob sich die Parabel eindeutig auf die Verhältnisse im nationalsozialistischen Deutschland übertragen läßt bzw. der Theaterdirektor als die Verkörperung Hitlers gelten darf (Armin Arnold), sei dahingestellt. Sicher ist, daß er in seinem fanatischen Ernst auf die Gestalt Bockelsons in »Es steht geschrieben« vorausdeutet. Ein möglicher politischer Appell der Parabel ist von vornherein dadurch belastet, daß sie vom Ästhetischen, Schöpferischen ausgeht und jenem das Kalkül, die Gleichschaltung gegenüberstellt: »Diese Absicht führte ihn [sc. den Theaterdirektor] dazu, jedes Zufällige auszuschalten und alles auf das peinlichste zu begründen, so daß die Vorgänge der Bühne unter einem ungeheuerlichen Zwange standen.« (A 5; 61) Die Gleichungen Kreativität = Freiheit bzw. Reglement = Diktatur gehen indessen nur bedingt auf. Zudem verweisen sowohl die Gleichsetzung von Bühne und Leben als auch das in der Figur des Theaterdirektors verkörperte Schreckbild einer technisierten, enthumanisierten Welt auf den irrationalen Protest der Expressionisten zurück. Werkgeschichtlich gesehen, kündigt sich hier bereits vage die entscheidende Rolle des *Zufalls* an, der sowohl in den theoretischen Schriften zum Theater als auch in der Komödienproduktion das Prinzip der künstlerischen Freiheit verkörpert. Neben der grellen Farbsymbolik entlehnt Dürrenmatt den Expressionisten – man denkt vor allem an Heym, den jungen Becher, aber auch Stadler und van Hoddis – das Bild der Stadt, die Schauplatz der meisten Erzählungen ist und der Sammlung auch ihren Namen gibt. Sie ist als ein »mythisiertes Bern« (Spycher) gedeutet worden, kann darüber hinaus als die topische Verkörperung eines neuen Zeitalters gelten, als Stätte des Verfalls und der Zerstörung traditioneller Werte. In der Stadt begegnet der Erzähler der »Falle« dem »Nihilisten« (so lautet der ursprüngliche Titel der Erzählung) und wird zum Zeugen seines Selbstopfers. In der stark an Kafkas »Schloß« erinnernden Titelgeschichte wird die Stadt zur Metapher eines labyrinthischen Lebens. Nicht nur zu dem Höhlengleichnis Platons besteht ein Bezug, wie der Autor selbst anmerkt (A 5; 197), der Text ist eine fragmentarische Vorstufe zu der später konzipierten Erzählung »Der Tunnel«, in der die gleiche Thematik dann ungleich geschlossener und überzeugender verarbeitet wird.

In die Nähe der »Falle« gehört die Erzählung »Pilatus«, die als einzige einen biblischen Stoff behandelt. Als Gegenstück zur Darstellung Gottes als Folterknecht und als konsequente Weiterführung der die Sammlung wie ein roter Faden durchziehenden Auseinandersetzung mit dem christlichen Gottesglauben – zwischen den Texten liegen vier Jahre – verdient die Parabel Beachtung. Der ideologiekritische Ansatz (Dürrenmatt hat nie ein Hehl aus seiner Ablehnung des organisierten Christentums gemacht) enthüllt sich in der Darstellung eines Gottes, der in voller Bedeutung des Wortes Mensch geworden ist. Pilatus, als er Zeuge der Geißelung Christi wird, zerbricht an der Erkenntnis des Unvereinbaren: »Wie er jedoch diesen Leib sah, der entstellt war und häßlich, wie jeder gefolterte Menschenleib, und wie er dennoch in jeder Wunde und in jeder Schürfung des Fleisches den Gott erkannte, ging er stöhnend in die Nacht [. . .].« (A 5; 186) Mit Ausnahme des »Tunnels« ist Dürrenmatts Bearbeitung des Pilatus-Stoffes stilistisch und kompositorisch zweifellos der gelungenste der frühen Prosatexte.

Sowohl in »Pilatus« als auch in »Der Hund«, am deutlichsten dann in der letzten Erzählung dieser ersten Schaffensphase, »Der Tunnel«, kündigt sich die Überwindung des Subjektivismus an, der die frühen Arbeiten prägt. Trotz ihrer ahistorischen, philosophisch-weltschmerzlerischen Anlage sind sie Ausdruck der Zeit und im weiteren Sinne der künstlerischen Reaktion auf die Katastrophe des Krieges und eines Neubeginns, der sich zunächst jeder Orientierung beraubt sieht. In ihrem Skeptizismus, der Absage an jegliche Religion und Weltanschauung, in der Betonung einer Freiheit, wie sie letzten Endes nur die Kunst verkörpern kann, schließlich auch im Streben nach einer fast plakativen Bildhaftigkeit des Dargestellten, sind sie wesentlicher Bestandteil der künstlerischen Entwicklung Dürrenmatts. Als solches rücken sie dem späteren Werk weitaus näher als dies bisher angenommen wurde. Man ist der werkgeschichtlichen Bedeutung dieser Parabeln zumeist nicht gerecht geworden. Verantwortlich ist hierfür vor allem das Schwanken zwischen deutlicher Abwertung der Prosa als »schwarze Literatur« (Bänziger K 1; 146; dort auch das Verdikt: »Was bleibt? Ein starker Eindruck und die Genugtuung, Dürrenmatt später auf einem anderen Posten antreten zu sehen.«) und ebenso unproportionaler Überbewertung: »Es ist hier eine Inständigkeit, ein dichterischer und menschlicher Mut an der Arbeit, der ungewöhnlich ist im Schrifttum unserer Tage.« (Brock-Sulzer K 2; 122)

Literatur:

Edward Diller: Friedrich Dürrenmatt's ›Weihnachten‹. A Short, Short, Revealing Story. In: Studies in Short Fiction 3 (1966) 138–140.
Joachim Bark: Dürrenmatts »Pilatus« und das Etikett des christlichen Dichters. In: I 3; 53–68.

2. »Es steht geschrieben« (1946)

Wie die unveröffentlichte »Komödie« – auf die an dieser Stelle nicht eingegangen werden kann, da dem Verfasser das MS. nicht vorgelegen hat (vgl. u. a. H. L. Arnold M 51; 19 f.) –, so entsteht auch Dürrenmatts Erstlingsstück »Es steht geschrieben. Ein Drama« in Bern. Der Text wird zwischen Juli 1945 und März 1946 niedergeschrieben und am 19. 4. 1947 unter der Regie von Kurt Horwitz im Schauspielhaus Zürich uraufgeführt. Das Drama gerät zum Skandal; 1948 wird vom Autor jede weitere Aufführung untersagt. Dürrenmatt bearbeitet 1966 das Stück, und eine Komödienfassung wird unter dem Titel »Die Wiedertäufer« am 16. 3. 1967 ebenfalls im Züricher Schauspielhaus uraufgeführt (vgl. unten S. 86 ff.).

»Es steht geschrieben« entsteht vor dem gleichen werk- und realgeschichtlichen Hintergrund wie der Großteil der frühen Prosa und das erste Hörspiel »Der Doppelgänger«, das zunächst von Radio Bern abgelehnt wird (vgl. unten S. 59 f.). Im Gegensatz zu jenen bearbeitet das Drama einen historischen Stoff: den Aufstieg und Fall der Sekte der Wiedertäufer (1533–1536), die im westfälischen Münster ein Königreich gründete – Abbild des Reiches Gottes auf Erden – und den Schneidergesellen Johann Bockelson, auch Johann von Leyden (1509–1536) genannt, zum König krönte. Die Bewegung endet mit dem Einmarsch der verbündeten katholischen und protestantischen Landsknechte; ihre Führer werden auf dem Rad hingerichtet. In seinem Vorwort zur Buchveröffentlichung (1959) betont Dürrenmatt: »[. . .] es sei nicht meine Absicht gewesen, Geschichte zu schreiben [. . .] In diesem Sinne mag die Handlung frei erfunden sein.« (A 2; 12) Tatsächlich ist das Stück keineswegs als historisches Drama aufzufassen, und eine exakte Bestimmung seiner Quellen wäre wenig sinnvoll. Wahrscheinlich war dem Autor Giacomo Meyerbeers Oper »Le Prophète« (1849) bekannt, auch die Kenntnis des Romans »Bockelson. Geschichte eines Massenwahns« (1937) von Friedrich Reck-Malleczewen und, für die Neubearbeitung, des Schauspiels »Die Stadt der Besessenen« (1915) von Wilhelm Schmidtbonn liegt nahe. Dürrenmatt geht es weder um die Darstellung der gesellschaftlichen Bedingungen zur Zeit der Wiedertäuferbewegung noch um historische Kausalität. Der Einbruch der Wiedertäufer in die bestehende Ordnung dient als Auslöser, die chaotische Natur der Geschichte freizulegen. Die dramatische Gestaltung liefert »Noten und Farben zu einer kunterbunten Welt, die gestern genauso war wie heute und morgen.« (A 2; 13) Bewegendes Moment des historischen Ablaufs – dies betrifft auch spätere Texte – ist der *Zufall*, den das Stück zum Spielprinzip erhebt. Indem Geschichte radikal fragmentiert, d. h. jeden Zusammenhangs enthoben wird, gewinnt das zum Modellfall erhobene Einzelgeschehen zwar an Autonomie, verliert sie jedoch sogleich wieder, weil ein einsichtiges Bezugsfeld fehlt. Dabei wird man zögern, den Text als »Parodie« auf das historische Drama schlechthin zu deuten (Allemann), da die hierin enthaltene Geschichtskonzeption später – in den »Theaterproblemen« – theoretisch begründet wird.

Der Aufbau des Dramas läßt sich als »kontrapunktisch« (Knopf, Böth) bezeichnen: Eine stringente Gliederung fehlt ebenso wie die Einteilung in Akte; anstelle einer Exposition tritt ein epischer Prolog. Die vierunddreißig Auftritte sind locker chronologisch verbunden und wirken in erster Linie durch ihren situativen Kontrast. Dem Aufstieg Bockelsons kontrastiert der Werdegang des reichen Kaufmannes Bernhard Knipperdollinck, der seine Besitztümer abgibt und, als Symbolfigur des armen Lazarus, von den Belagerern hingerichtet wird. Beide Schicksale treffen sich am Ende, nachdem sie sich in der jeweiligen Aufstiegs- und Fallbewegung überschnitten haben. Der falsche und der wahre Prophet vereinen sich in einem makabren Totentanz auf dem mondbeschienenen Dach. Danach erwartet sie das Rad, und Knipperdollinck findet, kontrapunktisch, in der Schlußszene im Augenblick des größten physischen Schmerzes die Gnade Gottes. Unvermittelt steht das Bacchanal neben dem Untergang, Grausiges neben Belanglosem (das Schafott neben der Zwiebeln anpreisenden Marktfrau, die gleichsam nebenbei ein kurzes Historiogramm der Weltkatastrophen erstellt); unvermittelt stehen auch die Straßenkehrer, deren Auftritte das Geschehen umrahmen, am Anfang und Ende des Stückes. Der Text zeigt neben den Einflüssen Wilders vor allem die Brechts, auf den der epische Einschlag zurückzuführen ist, und Büchners, dessen »Dantons Tod« den Aufbau sowie die Volksszenen beeinflußt haben dürfte. Die stilisierte, zum ausladenden Gestus und zur Tirade tendierende Sprache sowie die Darstellung der Ausweglosigkeit menschlichen Leidens, die im ganzen trotz der parodistischen Anklänge und gelegentlicher derber Situationskomik noch keineswegs komödiantisch überwunden ist, setzen das Stück zu der frühen Prosa in Bezug. Andererseits stellt sowohl die Funktion des Zufalls – als waltendes Prinzip eines Geschichtskonzepts, wie es diese Szenenreihung prägt – als auch der dramaturgische Effekt einer Gleichzeitigkeit des Ungleichwertigen den Zusammenhang zu den späteren Stücken her. Im Gegensatz zu den Komödien jedoch, die durchweg strenger durchkomponiert sind, läßt Dürrenmatt hier noch dem Theatereffekt freien, nahezu willkürlichen Lauf. Erst in letzter Zeit hat man das Stück als Ausdruck des manifesten Geschichtspessimismus seines Autors gesehen, der die Sinnlosigkeit der Geschichte, wie sie sich ihm darstellte, in surrealistischen Tableaus aufzuheben versucht. Als metaphysischer Bezug und Möglichkeit einer individuellen Bewältigung des Chaos bietet sich die Gnade an, auf die sich neben Knipperdollinck auch der greise Bischof Franz von Waldeck beruft. Trotzdem erlaubt der Wortlaut des Stückes nicht, es als »[. . .] immanente[s] Drama jeglicher christlichen Existenz« (Brock-Sulzer K 2; 19) zu deuten. Die kontrastierende Gegenüberstellung von Glauben und Zweifel fällt eindeutig zugunsten des Zweifels aus.

Literatur:

Vgl. auch unten S. 88.

Beda Allemann: Friedrich Dürrenmatt. ›Es steht geschrieben‹. In: Benno von Wiese (Hg.): Das deutsche Drama vom Barock bis zur Gegenwart. Interpretationen II. Düsseldorf ²1968; 420–438.

Marianne Biedermann: Vom Drama zur Komödie. Ein Vergleich des Dramas ›Es steht geschrieben‹ mit der Komödie ›Die Wiedertäufer‹. In: I 2; 73–85.

Wolfgang Böth: Vom religiösen Drama zur politischen Komödie. Friedrich Dürrenmatt ›Die Wiedertäufer‹ und ›Es steht geschrieben‹. Ein Vergleich. Frankfurt a. M. (= Europäische Hochschulschriften I, 276) 1979.

3. »Der Blinde« (1947)

Dürrenmatts zweiter Bühnentext »Der Blinde. Ein Drama« wird im Lauf des Jahres 1947 in Basel niedergeschrieben und am 10. 1. 1948 im Stadttheater Basel unter der Regie von Ernst Ginsberg uraufgeführt. Es finden insgesamt neun Aufführungen des wenig erfolgreichen Dramas in Basel statt; zwei deutsche Bühnen bringen es zur Aufführung, aber noch 1948 untersagt der Autor die weitere Inszenierung seiner Erstlingsdramen. Die Buchausgabe der beiden frühen Stücke liegt erst 1959 vor.

Stärker noch als »Es steht geschrieben« zeigt das parabolische Thesenstück »von der Situation des Menschen« (Armin Arnold) Ähnlichkeiten mit der frühen Prosa. War diese in die surreale Verfremdung einer plausibel (d. h.: auf der Grundlage gesellschaftlicher Realität) nicht mehr zu vermittelnden Welt ausgewichen, so spielt »Der Blinde« metaphysische Wahrheit gegen empirische Wirklichkeit aus. Abermals wird hier die Auseinandersetzung Dürrenmatts mit Philosophie und Theologie deutlich, die sich vor dem Hintergrund einer historischen Katastrophe an der chaotischen Realität brechen.

Die historischen Bedingungen des Jahres 1947 brauchen nicht eigens beschrieben zu werden. Wichtig jedoch ist der literarische Kontext der frühen Bewältigungsliteratur, auf den das Stück trifft und von dem es sich absetzt. Borcherts Hörspiel »Draußen vor der Tür« war am 13. 2. 1947 vom NWDR gesendet worden. In ihm zeigt der Autor, noch stark dem Expressionismus verhaftet, daß die Suche nach dem »neuen«, d. h. dem »alten«, unbeschädigten Dasein erfolglos enden muß. Zuckmayers »Des Teufels General« (1946) spielt den historischen Konflikt, den es umreißt, ins mythisch überhöhte Faustische hinüber. (Mit Zuckmayer setzt sich Dürrenmatt wenige Jahre später auseinander; vgl. S. 77.) Max Frisch, Dürrenmatts Landsmann, trennt in »Nun singen sie wieder. Versuch eines Requiems« (1945) die Welt in zwei Lager: das der Lebenden, die unverbesserlich bleiben, und das der Toten, denen ein Wandel möglich wäre. Autoren wie Weisenborn oder Hochwälder greifen auf historische bzw. literarische Modelle zurück.

Dürrenmatt verwirft diese Möglichkeiten der Deutung bzw. der Korrektur von Geschichte. Vor dem vage skizzierten Hintergrund des Dreißigjährigen Krieges gestaltet er am Schicksal eines blinden Herzogs in strenger, »aristotelischer« Einheit die Tragödie des Glaubens. Den Herzog, der in die (reale) Blindheit geflohen ist, bewahrt sein Glaube (die metaphysische Sicht) vor der Konfrontation mit einer unerträglichen Wirklichkeit. Deutlich der Verweischarakter des historischen Bezugs: die Trümmerlandschaft der vierziger Jahre des siebzehnten Jahrhunderts soll als Analogon für die zeitgenössische Lage dreihundert Jahre später verstanden werden. Die Parallelisierung ist, wenn auch nirgendwo explizit, in der Intention des Stückes verankert, zumal der Autor bewußt auf historische Konkretisierung weitgehend verzichtet.

Gerade dieser Mangel aber schränkt die Wirkung des Stückes ein. Es geht kaum über die Polarisierung der Position des Herzogs – des »blinden« Glaubens – einerseits und der Schachzüge seiner wirklichen oder vermeintlichen Widersacher andererseits hinaus. Der Dialog ist in seiner Begriffsschwere noch deutlich dem Expressionismus verpflichtet, er wirkt hölzern und steif. Die Sprache tendiert zum Aphorismus, der sich unaufhörlich in der Gegenposition aufhebt: »Ist Gott gerecht oder ungerecht? – Ungerecht, mein Prinz. – Gerecht, Hofdichter: Sonst wäre die Welt keine Hölle.« (A 2; 149) Oder: »So hat denn der Mensch nichts, weiser Herr? – Er hat seine Blindheit, Einkäufer. – Das ist wenig. – Das ist alles.« (A 2; 162) – Die Schlußsentenz des Herzogs verweist unmittelbar auf die Erkenntnisunsicherheit, die die frühe Prosa durchzieht, zugleich auch auf die unerschütterliche Hoffnung Knipperdollincks auf dem Rad:

»Was zwischen Mensch und Gott war, ist zerbrochen. Wie Scherben liegt die Größe des Menschen um uns her [. . .] So haben wir erhalten, was uns zukommt. So sind wir an den Platz zurückgewiesen, den wir einnehmen müssen. So liegen wir zerschmettert im Angesicht Gottes, und so leben wir in seiner Wahrheit.« (A 2; 190 f.)

Unter veränderten Vorzeichen liefert das Drama die metaphysische Beweisführung für den Schlußaphorismus in der gleichzeitig entstandenen Sammlung »Hingeschriebenes«: »Die Welt ist als Problem beinahe und als Konflikt überhaupt nicht zu lösen.« (A 6; 89) Man hat das Stück als in hohem Maße theatralisch bezeichnet, da es durch die Vorstellungswelt des Blinden ein Spiel im Spiel inszeniere. Genauer besehen, entgeht ihm allerdings die Bühnenwirksamkeit wie auch eine überzeugende theologische Argumentation. Dies beweist der Umstand, daß der Glaube des Herzogs sogar als »wohltuende Illusion, eine Lüge gegen sich selbst« (A. Arnold K 12; 30) ausgelegt werden konnte. So wird man kaum fehlgehen, das Drama als einen weitgehend mißlungenen Beitrag zur Bewältigung der gegebenen historischen Situation zu sehen und, in seiner Anlage als Tragödie, als »[. . .] Sackgasse der künstlerischen Produktion [. . .]« (Durzak K 15; 59).

Literatur:

D. *Sidney Groseclose:* The Murder of Gnadenbrot Suppe. Language and Levels of Reality in Friedrich Dürrenmatt's ›Der Blinde‹. In: GLL 28 (1974/75) 64–71.

4. »Der Tunnel« (1951)

Die parabolische Erzählung »Der Tunnel« entsteht 1951. Sie wird der Sammlung »Die Stadt« beigegeben, hauptsächlich wohl, um die Buchpublikation der frühen Prosa abzurunden. Eine Einzelausgabe erscheint 1964. Werkgeschichtlich betrachtet, hebt sich »Der Tunnel« sowohl von den frühen Prosatexten als auch den ersten Stücken deutlich ab und steht damit am Endpunkt der ersten Schaffensphase. Mit der 1948/49 entstandenen Komödie »Romulus der Große« (vgl. S. 47 ff.) und der etwa gleichzeitigen Arbeit an »Die Ehe des Herrn Mississippi« hat sich bereits eine Neuorientierung Dürrenmatts angekündigt, die stellenweise auch in der Erzählung ihren Niederschlag findet. Als Zusammenfassung und zugleich Überwindung des Frühwerks verdient »Der Tunnel« besondere Beachtung.

Im »Tunnel« beginnt Dürrenmatt sich stilistisch von der begriffsüberladenen, rhetorischen Prosa der frühen Dramen und Erzähltexte zu lösen. In präziser, stellenweise ironisch getönter Sprache zeichnet er seinen skurrilen Helden: einen vierundzwanzigjährigen verbummelten Studenten, den man gemeinhin als »Selbstporträt« des Autors gesehen hat und dessen Charakteristika ihn deutlich schon den Figuren der Komödien und Detektivromane zuordnen. Das bizarre Geschehen, der »Einfall« des Autors, entwickelt sich nunmehr aus einem alltäglichen Vorgang: Ein planmäßiger Zug von Bern nach Zürich gerät in einen unplanmäßigen Tunnel, den er nicht wieder verläßt. Der Zug stürzt, so darf man annehmen, mitsamt seinen Passagieren dem Erdinneren zu. Neben dem hilflosen Zugführer ist es allein der Vierundzwanzigjährige, der die Tragweite des Geschehens erkennt und es »[. . .] mit einer gespensterhaften Heiterkeit« (A 8; 39) akzeptiert. Durch ihr ironisch-komödiantisches Überspielen des Schrecklichen, das dezidierte Fehlen jeglichen Pathos verrät die Erzählung ihre Nähe zu den Komödientexten und markiert zugleich den endgültigen Bruch mit dem weltschmerzlerischen Frühwerk.

Die Interpretation der Erzählung stützte sich zumeist auf den letzten Satz: »Gott ließ uns fallen und so stürzen wir denn auf ihn zu.« (A 5; 167). Theologische Deutungen – denen mit Ausnahme dieses Satzes jeder kontextuelle Anhaltspunkt fehlt – wollen hierin einen Nachweis der Gnade sehen. Vermittels der Kontrastfigur des Zugführers (»[. . .] auch habe ich immer ohne Hoffnung gelebt.« [A 5; 165]), die als »[. . .] negatives zweites Selbst« (Spycher K 17; 109) des jungen Mannes verstanden wurde, versuchte man jenen als Verkörperung der christlichen Erlösungsgewißheit zu interpretieren. Dürrenmatt selbst muß die Uneinheitlichkeit des Textes erkannt haben. Er streicht den letzten Satz, der eindeutig auf die früheren Erzählungen der Sammlung »Die Stadt« Bezug nimmt und, vom Text her unvorbereitet, dem Geschehen nachträglich einen theologischen Sinngehalt aufpfropft, in seiner Bearbeitung von 1978. Dies gewinnt um so mehr Bedeutung, als die Revision sich im übrigen auf kleine stilistische Eingriffe beschränkt. Als Schlußsatz steht nun eine im ganzen etwas ungelenke Hypotaxe, die in das Wort »Nichts« mündet (A 8; 39).

Betrachtet man den »Tunnel« im größeren Rahmen einer Neuorientierung des Autors (die sicherlich »[. . .] nicht zuletzt auch mit den finanziellen Schwierigkeiten der Familie zusammenhing« [Knopf K 20; 41] und der Tatsache, daß die ersten Stücke kein Publikum gefunden hatten), einer Hinwendung zur Komödie und zu historischen (»Romulus der Große«) wie zeitgenössischen Stoffen (»Die Ehe des Herrn Mississippi«), so werden andere Ansätze einer möglichen Interpretation sichtbar. Dürrenmatt hatte nicht umsonst bereits 1949 das Manuskript eines umfangreichen Stückes, des »Turmbaus von Babel« vernichtet und damit die Möglichkeit, das Phantastische, Entlegene darzustellen, zunächst aufgegeben. In dem Manuskript »Fingerübungen zur Gegenwart« (1952) betont er dann den aktuellen Zeitbezug seiner Arbeiten: »Ich bin verschont geblieben, aber ich beschreibe den Untergang; denn ich schreibe nicht, damit Sie auf mich schließen, sondern damit Sie auf die Welt

schließen.« (A 6; 45). Nimmt man den Autor beim Wort, dann
möchte die Erzählung – die reichlich mit Bezügen zur umgebenden
Realität ausgestattet ist – quasi »dramaturgisch« die Verläßlichkeit
dieser empirischen Realität in Zweifel ziehen. Nicht nur das Chaotische und Bedrohliche liegt unter der Oberfläche des »[. . .] clean,
safe, and bourgeois Swiss, European, and Western way of living«
(Tiusanen K 21; 37), sondern auch die unbewältigte Gegenwart des
»Tunnels«, des dunklen, nicht endenwollenden Raums, der den
fahrplangläubigen Passagieren unversehens zum Verhängnis werden kann. Dürrenmatt hat in der Erzählung die »schlimmstmögliche Wendung« (›21 Punkte zu den Physikern‹: A 2; 353) eines
alltäglichen Geschehens aus dem zeitgenössischen Kontext der
Schweiz der frühen fünfziger Jahre entwickelt. Die Attribute einer
im Zuge des Wirtschaftswunders saturierten und genießenden,
apolitisch der Planmäßigkeit des behördlich geregelten Alltags
vertrauenden Gesellschaft kennzeichnen die Passagiere des Zuges.
Der glänzend geschriebene Text kann so als gesellschaftskritische
Parabel gedeutet werden. Ohne den Text damit zu überfordern,
scheint noch ein Nachtrag zur Ästhetik geboten. Zwar erinnert die
Situation im Tunnel an das vom Autor selbst erwähnte Platonische
Höhlengleichnis (A 5; 197) – ein ›Ausblick‹ ist von dieser ›Höhle‹
indessen nicht mehr möglich. Der Vierundzwanzigjährige, in dem
sich Dürrenmatt selbst karikiert, beschreibt auf seinem Weg zur
Lokomotive schlaglichtartig die Situation der Reisenden im Speise-
wagen: »Am andern Ende des Wagens öffnete sich die Türe. Im
grellen Licht des Speisewagens sah man Menschen, die einander
zutranken, dann schloß sich die Türe wieder.« (A 5; 160). Man
wird kaum fehlgehen, an dem Weg des jungen Mannes, der
zunächst in das Licht des Speisewagens, dann in die Glasscheibe
der Lokomotive (durch die es nichts zu sehen gibt) blickt, die
endgültige Absage des Autors an eine Platonische Ideenwelt abzu-
lesen. Am Beispiel der Speisewageninsassen erweist sie sich überdeutlich als kurzlebige Illusion.

Literatur:
Karl Moritz: Friedrich Dürrenmatt: Der Tunnel. Umarbeitung zu einem
    Hörspiel in einer Unterprima. In: DU 12 (6/1960) 73–80.
Werner Zimmermann: Friedrich Dürrenmatt. ›Der Tunnel‹. In: Deutsche
    Prosadichtung der Gegenwart. Interpretationen für Lehrende und Ler-
    nende III. Düsseldorf ²1961; 229–236.
Urs J. Baschung: Zu Friedrich Dürrenmatts ›Der Tunnel‹. In: SR 68 (1969)
    480–490.

Whang Chin Kim: ›Der Tunnel‹ von Friedrich Dürrenmatt. Versuch einer Interpretation. In: ZfG 8 (1969) 82–105.

Johannes Wirsching: Friedrich Dürrenmatt: ›Der Tunnel‹. Eine theologische Analyse. In: DU 25 (1/1973) 103–117.

Emil Weber: Friedrich Dürrematt und die Frage nach Gott. Zur theologischen Relevanz der frühen Prosa eines merkwürdigen Protestanten. Zürich 1980.

Ironischerweise sind es nicht die vorher bzw. gleichzeitig entstandenen Komödien »Romulus der Große« und »Die Ehe des Herrn Mississippi«, die dem Autor schnell ein großes Leserpublikum sichern – es sind seine ersten Detektivromane.

Der Terminus »Detektivroman« wird an dieser Stelle im Gegensatz zu »Kriminalroman« u. a. deswegen verwendet, da die Person des Detektivs im Zentrum des Erzählvorgangs steht, nicht etwa die Analyse des Verbrechens bzw. des Verbrechers; für eine Definition vgl. u. a. Richard Alewyn: Das Rätsel des Detektivromans. In: Adolf Frisé (Hg.): Definitionen. Essays zur Literatur. Frankfurt/M. 1963; 117–136; und: Peter Nusser: Der Kriminalroman. Stuttgart (=Slg. Metzler 191) 1980. Weitere Literatur zur Gattung in den folgenden Literaturangaben.

Der entstehungsgeschichtliche Hintergrund ist weithin bekannt. Die zweite Jahreshälfte 1950 brachte dem Ehepaar Dürrenmatt eine unerwartete Zuspitzung der an sich schon heiklen Finanzlage. Das Kabarett ›Cornichon‹ hatte sich aufgelöst (hierdurch entfiel ein vertraglich gesichertes Monatseinkommen), die mit einigem Erfolg aufgeführte Komödie »Die Ehe des Herrn Mississippi« wurde zunächst vom Verlag zurückgewiesen: Der Text gelangt erst 1952 zur Veröffentlichung. Als bescheidene Einnahmequelle ergab sich die zu dieser Zeit einsetzende Theaterkritik für die ›Weltwoche‹; daneben sah sich Dürrenmatt dringlich auf einen Zusatzverdienst angewiesen. Im Winter 1950/51 entsteht »Der Richter und sein Henker« in zweiwöchigen Fortsetzungen für den ›Schweizerischen Beobachter‹; im Herbst/Winter 1951/52 wird am gleichen Ort der Fortsetzungsroman »Der Verdacht« veröffentlicht. Beide erscheinen wenig später in preiswerten Taschenbuchausgaben und erreichen beträchtliche Auflagenhöhen. Schon im ersten Jahrzehnt werden von beiden Romanen mehr als 350 000 Exemplare verkauft; Anfang der siebziger Jahre erreicht »Der Richter und sein Henker« bereits die Auflagenhöhe von einer Million.

Der Erfolg seiner Detektivromane bestärkt Dürrenmatt, auf dem Gebiet der erzählenden Literatur weiterhin tätig zu bleiben. Gleichzeitig mit dem Erfolgsstück »Der Besuch der alten Dame« entsteht die »Prosakomödie« »Grieche sucht Griechin« (1955), ein Text, der sich als Erzählung, möglicherweise auch als Roman klassifizieren läßt. Wie »Der Richter und sein Henker«, so wird auch die Erzählung Grundlage für eine Filmversion. Mit dem Untertitel »Eine noch mögliche Geschichte« erscheint 1956 die Kriminalerzählung »Die Panne«. Gleichzeitig entsteht eine Hörspielfassung, die erstmals am 17. 1. 1956 vom Bayerischen Rundfunk gesendet wird. Im selben Jahr erhält Dürrenmatt hierfür den Hörspielpreis der Kriegsblinden.

Beide Fassungen unterscheiden sich vornehmlich durch die jeweiligen Schlüsse (zum Hörspiel vgl. S. 66). 1957 erscheint dann das kriminalistisch angelegte Romanfragment »Im Coiffeurladen« (NZZ vom 21. 4.). Werkgeschichtlich betrachtet, stellt es eine Variante der »Panne« dar, ist im Gegensatz zu jener jedoch weitaus konkreter auf den gesellschaftlichen Hintergrund der Schweiz bezogen. Dürrenmatt selbst bezeichnete den Text als zweites Kapitel eines geplanten Romans »Justiz«, der nie fertiggestellt wurde, dessen Grundgedanken aber mit einiger Sicherheit zehn Jahre später im »Monstervortrag über Gerechtigkeit und Recht« aufgegangen sind.

Noch einmal greift Dürrenmatt die Gattung des Detektivromans auf: auf Bestellung des Produzenten Lazar Wechsler entsteht 1957 ein Drehbuch zum Thema des Sexualverbrechens an Kindern, das als Praesens-Produktion 1958 unter dem Titel »Es geschah am hellichten Tag« in den Kinos läuft. Noch im gleichen Jahr veröffentlicht der Autor als Gegenentwurf zum Drehbuch den Roman »Das Versprechen. Requiem auf den Kriminalroman«. Ähnlich wie in »Die Panne« ist es auch hier der Schluß, an dem die grundlegenden Verschiedenheiten beider Konzeptionen deutlich werden. Ästhetisch wie weltanschaulich sind die Detektivromane höchst aufschlußreich für den jeweiligen Standort des Autors. Sie als »Nebenprodukte« (Bänziger) abzutun, bedeutet nicht nur, ihre Entstehung aus Gründen des Broterwerbs unzulässig einer Wertung zugrunde zu legen (welcher Schriftsteller möchte letzten Endes nicht von seinen Produkten leben?), sondern auch, die Verwandtschaft ihres komplexen Aufbaus mit dem der Komödien außer acht zu lassen.

1. »Der Richter und sein Henker« (1950/51)

In den 1953/54 entstandenen »Theaterproblemen«, der wichtigen ersten dramaturgisch-weltanschaulichen Standortbestimmung Dürrenmatts, findet sich folgendes Aperçu: »Wie besteht ein Künstler in einer Welt der Bildung, der Alphabeten? [. . .] Vielleicht am besten, indem er Kriminalromane schreibt, Kunst da tut, wo sie niemand vermutet. Die Literatur muß so leicht werden, daß sie auf der Waage der heutigen Literaturkritik nichts mehr wiegt: Nur so wird sie wieder gewichtig.« (A 6; 131). Die ästhetische Kritik, die sich zwischen den Zeilen verbirgt, wendet sich einmal gegen den Anspruch des »Vollkommenen«, der »Perfektion« (ibid.), wie er an zeitgenössische Literaturproduktion herangetragen wird. Zum anderen jedoch ist sie Bestandteil einer Auseinandersetzung mit der Dramaturgie der »Klassiker« – im weitesten Sinne –, die für Dürrenmatt in eine Begründung seines Komödienbegriffs mündet. Im Gegensatz zur Teleologie der Tragödie, die angesichts der heutigen gesellschaftspolitischen Situation die Lage des Menschen ästhetisch nicht mehr erfassen kann, erlaubt die künstlerische und gesellschaftliche Offenheit der Komödie die

Darstellung einer Welt, die anders nicht mehr darstellbar ist als im scheinbar freien Spiel der Möglichkeiten. Anstoß der Komödie ist der »Einfall« (A 6; 121), der sich in der Handlung als Zufall äußert, als Koinzidenz des Unplanmäßigen.

Dürrenmatts Komödienbegriff, der durchaus als ideologie- und kunstkritische Stellungnahme gegen das Illusionstheater und gegen das politische Lehrstück zu sehen ist, läßt sich als entscheidender Deutungsansatz für die Detektivromane anwenden. Indem der Zufall hier zum Gestaltungsprinzip wie zum Auslöser der Handlung erhoben wird und somit ästhetisch wie strukturell Zentralfunktion gewinnt, wird offensichtlich, daß Dürrenmatts Detektivromane, zumindest von ihrer Intention her, als Aufhebung und Überwindung dieser Gattung angelegt sind, daß sie – ob der Leser sich dieses Mechanismus bewußt ist oder nicht – gleichsam »gegen den Strich« gelesen werden müssen. Der traditionelle Detektivroman »[. . .] spielt in einer Welt ohne Zufall, einer Welt, die zwar möglich, aber nicht die gewöhnliche ist.« (Alewyn l. c. 125). Er vereint, höchst zwiespältig, eine »aufklärerisch[e] und rational[e]« (Knopf K 20; 47), fortschrittsgläubige Komponente – nicht von ungefähr setzt die Produktion von Detektivromanen im beginnenden 19. Jh. ein und erreicht ihren Höhepunkt gerade in den angelsächsischen Ländern in den Jahren nach dem Ersten Weltkrieg – mit einer antiaufklärerischen, prärationalen Grundstruktur. Erstere ist bedingt durch die Tatsache, daß kriminalistischer Spürsinn und der Einsatz technologischer Mittel unweigerlich zur Ergreifung des Täters führen; letztere durch die damit implizit verbundene Wiederherstellung einer quasi kosmischen Ordnung. Aufs Künstlerische übertragen bedeutet das die Wiederherstellung jener Geschlossenheit, wie sie der klassischen Tragödie und den traditionellen Entwicklungsromanen zugrunde liegt. Dürrenmatts Detektivromane setzen den der Gattung inhärenten Fortschrittsglauben radikalem Zweifel aus. Erheblich komplexer indessen ist ihr Verhältnis zu der prärationalen, die Existenz einer ›höheren‹ Ordnung suggerierenden Grundstruktur, wie sie den Detektivroman kennzeichnet. Hier ist ein Blick auf den Text notwendig.

Hauptfigur der beiden ersten Detektivromane ist der todkranke, vor der Pensionierung stehende Kommissär Bärlach von der Berner Kriminalpolizei. Seine äußeren Kennzeichen wie sein Vorgehen lassen ihn eher als Antihelden erscheinen denn als attraktives Identifikationsangebot. Im Hinblick auf die literarische Tradition gehört er jener Gruppe von Außenseitern an, die sich von Agatha Christies Poirot über Georges Simenons Maigret zu Ross MacDonalds Lew Archer erstreckt. Als Vorbild dürfte Dürrenmatt, mit einiger Einschränkung, Friedrich Glausers Wachtmeister Studer, Held des gleichnamigen Romans (1936) und vier weiterer Detektivromane gedient haben. Dürrenmatt selbst streitet dies ab: »Ich kannte Glauser zur Bärlach-Zeit nicht.« (E 25; 8). Er gibt an, er habe »Der Richter und sein Henker« »[. . .] unter dem (sprachlichen) Einfluß von Fontanes ›Stechlin‹ geschrieben.« (ibid.) Wiederum widersprechen das Gedächtnis des Autors und der philologische Befund einander: Gerade was die Einbettung der Handlung in das Schweizer Milieu betrifft, sind die Einflüsse Glausers kaum zu übersehen. Dürrenmatt übernimmt jedoch nicht dessen klassenspezifisch ausgerichtete Gesellschaftskritik. Sollte sich andererseits seine Fontane-Lektüre in den Texten niedergeschlagen haben, dann sind ihre Spuren so fein, daß sie an dieser Stelle unberücksichtigt bleiben können.

Zeit und Schauplatz von »Der Richter und sein Henker« sind der Wirklichkeit der Schweiz im Oktober/November 1948 entlehnt. Der Autor liefert hier, ähnlich wie in »Der Verdacht« und »Das Versprechen«, ein Netzwerk dokumentarischer Einzelheiten (das sogar ein ironisches Selbstporträt in Form des in Ligerz wohnenden Schriftstellers einschließt), vor dessen Hintergrund sich das Geschehen entwickelt. In der neueren der beiden Filmversionen tritt der Autor selbst verschiedentlich auf und stellt, auch durch seine Meditationen über Mensch und Universum, ein episches Element dar. Der Polizist Tschanz, Mörder seines Kollegen Schmied, wird wohl durch detektivische Arbeit zur Strecke gebracht, nicht aber dem bürgerlichen Justizapparat überliefert, sondern er dient Bärlach als Schachfigur, als »Henker« seines Kontrahenten Gastmann. Voraus ging eine Wette zwischen Bärlach und Gastmann, die ihre literarische Herkunft von Goethes »Faust« nicht verleugnen kann. Bärlach, der »Richter«, bringt im Namen einer eigenwilligen Gerechtigkeit den »Nihilisten« Gastmann zu Fall; zu Hilfe kommt ihm, neben seiner Skrupellosigkeit, der Zufall. Gleichsam als Nachspiel ergibt sich das Ende Tschanz': Er verunglückt auf der Flucht tödlich.

Die Frage nach Intention und Wirkung des Textes hat die Interpreten hinlänglich beschäftigt. Es wurde darauf hingewiesen, daß der Autor »[. . .] den Kanon des Kriminalromans dabei auch wieder parodieren kann« (Brock-Sulzer K 2; 93), daß überhaupt eine parodistische Intention vorliege. Dies ist nur bedingt richtig. Dürrenmatt parodiert wohl die Fortschrittsgläubigkeit traditioneller Kriminalromane, sicherlich auch die mit ihr häufig einhergehende unreflektierte Schwarzweißzeichnung, die Einteilung der Welt in zwei Lager. Bärlach unterscheidet sich von seinen Außenseiterkollegen grundsätzlich dadurch, daß er sich souverän der Manipulationen bedient, die gemeinhin ins ›andere‹ Lager gehören. Die Gattung indessen erscheint weniger parodiert als von innen her aufgehoben, indem ihre Spielregeln ad absurdum geführt werden: Bärlach geht es nicht um eine intersubjektivierbare Gerechtigkeit, wenn er Tschanz auf Gastmann hetzt, sondern, im Fall Tschanz, um Rache, im Fall Gastmann indessen darum, das letzte Wort zu behalten. Aber auch dieses ist durch das Betrugsmanöver des Kommissärs belastet, denn genaugenommen verliert er die Wette, obgleich er sie gewinnt. Es ist in diesem Sinne also durchaus richtig, »Der Richter und sein Henker« bereits als einen Abgesang auf die traditionelle Detektivgeschichte zu deuten (Knopf). Im »Abbau der mythischen Reste des Detektivromans« (Wieckenberg l. c. 10) liegt zweifellos die Leistung dieses und der folgenden Detektivromane Dürrenmatts, in denen sich in der Tat »gewichtige« Literatur im leichten, gefälligen Gewand präsentiert.

Ein grundsätzlicher Einwand muß sich indessen sowohl gegen die ästhetische als auch gegen die ideologiekritische Funktion des Zufalls richten. Indem der Autor diesen zum waltenden Prinzip erhebt, Bärlach aber zugleich als einzigen von der Einwirkung des Zufälligen ausnimmt, setzt er nicht nur den verschrobenen Gerechtigkeitsbegriff des Kommissärs absolut, er unterläuft auch teilweise die emanzipatorische Wirkungsabsicht des Romans. Somit erweist sich sein Bruch mit der prärationalen Grundstruktur des Detektivromans als nur partiell, als ein Ausweichen ins Private. Denn an die Stelle der traditionellen Alternative von ›Gut‹ und ›Böse‹ setzt Dürrenmatt seine eigene: hier die individuelle ›Gerechtigkeit‹, wie sie der alles durchschauende einzelne ausübt – dort organisiertes Chaos, das den Gesetzesbrecher in beiden Fällen (Gastmann und Tschanz) unbehelligt davonkommen ließe, wenn nicht der Zufall und sein Verwalter eingegriffen hätten. So offenbart sich die Zweischneidigkeit in der Funktion des Zufalls, der einerseits als »schlimmst mögliche Wendung« zum Denkanstoß werden kann, andererseits als Fügung ›aus zweiter Hand‹ die realistisch entworfene Ausgangskonfrontation ins Phantastische hinüberspielt und sie dort nur ästhetisch aufzuheben vermag. Insofern wächst der Zufall als »[. . .] Einschränkung oder gar Suspendierung des Kausalprinzips« (Hienger l. c. 71) stellenweise durchaus über sich selbst hinaus.

Erst mit dem Ende der Romanfassung von »Das Versprechen« geht Dürrenmatt grundsätzlich anders vor. Die Lösung ist hier weniger theatralisch, berücksichtigt im ganzen auch den Freiraum des Zufalls (der hier enger der Wahrscheinlichkeit verpflichtet bleibt), sie verzichtet aber darauf, ihn zum allmächtigen Regulativ werden zu lassen, indem sie den Helden selbst an ihm scheitern läßt.

2. »Der Verdacht« (1951/52)

Dürrenmatts zweiter Detektivroman setzt direkt nach dem Ende von »Der Richter und sein Henker« ein. Als Folge der unmäßigen Mahlzeit, mit der er den Sieg über Gastmann feierte, war für Bärlach eine Magenoperation notwendig geworden, zuvor jedoch das Auskurieren einer Herzattacke. Bärlach leidet an Krebs. Die Romanhandlung beginnt mit dem 27. 12. 1948. Der Autor beschränkt sich diesmal nicht auf eine Aktualisierung des Geschehens durch Einbettung in zeitgenössische Schweizer Verhältnisse. Er geht einen Schritt weiter und greift das Thema der Kriegsverbrechen – »Medizin ohne Menschlichkeit« – auf, das zu dieser Zeit nicht nur auf ein ungebrochenes öffentliches Interesse, sondern auch auf einen gewissen Sensationswert hoffen konnte. Am Handlungsgefüge werden die Unterschiede zum vorhergehenden Roman deutlich: »Der Verdacht« entwickelt sich vergleichsweise linear und einsträngig. Er verläßt sich anfangs mehr auf das klassische Muster der Entdeckung: Bärlach, noch geschwächt von seiner Operation, läßt sich in das Sanatorium des angesehenen Arztes Emmenberger einliefern, selbstverständlich inkognito, da er Emmenberger für den KZ-Arzt Nehle hält. Sein Verdacht bestätigt sich, er wird erkannt und soll umgebracht werden. Buchstäblich in letzter Minute – »Vielleicht, daß ein Zufall ihn retten konnte« – kommt ihm der Zufall in Gestalt des Juden Gulliver als makabrer »deus ex machina« (Spycher) zu Hilfe. Gulliver tötet Emmenberger – Bärlach kann nach Bern zurückkehren und dort in Frieden sterben.

Ein deutlicher Bruch durchzieht die Handlung: Ist es zunächst der Zufall, der den Verdacht, Emmenberger sei Nehle, bei Hungertobel und bei Bärlach aufkommen läßt, so wendet sich der Zufall – weitaus konsequenter als im ersten Detektivroman – dann gegen den Kommissär selbst: Er wird erkannt und gerät in akute Lebensgefahr. Die abenteuerlichen Umstände seiner Rettung, das Erscheinen des Riesen Gulliver aus dem Nirgendwo, die abermals dem Zufall zugeschrieben werden, diskreditieren diesen, der sich bis dahin als einleuchtendes Gestaltungsprinzip erwiesen hatte, derart, daß das Ende des Romans künstlich und aufgesetzt wirken muß. Nicht nur im Festhalten an einer »detektivischen« Anlage über weite Strecken also, mehr noch in seiner Schlußwendung fällt »Der Verdacht« hinter die gattungs- und erkenntniskritische Position des ersten Detektivromans zurück. Als anti-empirisches, dem Gebot jeder sachlichen Wahrscheinlichkeit widerstrebendes Prinzip ähnelt der Zufall in »Der Verdacht« – deutlicher noch als in

»Der Richter und sein Henker« – der vorprogrammierten Konzeption traditioneller Detektivromane. Dürrenmatt gerät hier, mehr als an irgendeiner anderen Stelle seines Werks, in den Randbezirk einer Ersatzmetaphysik, als deren ausübendes Organ der Zufall fungiert.

Verschiedene Interpreten bestätigen diese Kritik, wenn auch von anderem Blickpunkt aus: Der Text gilt als »[. . .] eilig hingeschriebenes und deshalb weniger scharf von der Selbstkontrolle gezähmtes Werk« (Brock-Sulzer K 2; 99), »unbeholfener« (Bänziger) als sein Vorgänger, als »Requiem auf die Vernunft« (so der Titel des nachstehend verzeichneten Aufsatzes von Waldmann). Für seine »Unausgewogenheit« wird in erster Linie ein Übermaß an formalen Elementen verantwortlich gemacht: »This time theoretical elements are disproportionate: they spill over the brim.« (Tiusanen K 21; 142). Es ist nicht nur die Thematik, die den Roman der Bewältigungsliteratur zuweist, sondern die Hervorhebung der Dialoge, die als Fixierung der jeweiligen Positionen dienen. Die von Bärlach vertretene Auffassung, die er schon eingangs andeutet (»[. . .] der Hauptgrund bleibe doch, daß die bürgerliche Weltordnung auch nicht mehr das Wahre sei« [C 7; 16]), spitzt sich dann in der Frage nach den Ursachen zu, die jene Verbrechen gegen die Menschlichkeit ermöglichten: »Was in Deutschland geschah, geschieht in jedem Land, wenn gewisse Bedingungen eintreten. Diese Bedingungen mögen verschieden sein. Kein Mensch, kein Volk ist eine Ausnahme.« (C 7; 69).

In der großen Dialogkonfrontation mit Dr. Marlok, Opfer und Helferin Emmenbergers, und mit Emmenberger selbst wird diese Frage dann vom konkreten Bezugsort (sei er nun Deutschland oder, indirekter, die Schweiz) abgezogen und ins Philosophische transponiert. Bemerkenswert ist, daß der »Nihilist« Emmenberger selbst sich dabei wiederholt auf die Funktion des Zufalls beruft. Seine Frage nach dem Glauben Bärlachs bleibt unbeantwortet. Dieses Schweigen des Kommissärs ist der Anlaß zu ungewöhnlich vieldeutigen Interpretationen des Romans geworden. Einmal wird die Hauptfigur als sturer Gerechtigkeitsfanatiker gedeutet, der bei der Durchsetzung seiner Ziele »auch über Leichen geht« (Knopf), zum anderen wird das Sanatorium als Modellfall der modernen Welt gesehen, in der »[. . .] only a supreme act of will can create freedom.« (Peppard K 14; 112). Beides mag gelten. Der Text selbst beantwortet indirekt – durch die phantastische Rettung Bärlachs – die Frage Emmenbergers nach dessen Glauben, denn was sonst hätte Bärlach helfen können als ein Wunder? Vor dem Hintergrund einer Bewältigung der Vergangenheit und ihrer grauenhaften Verbrechen gegen die Menschlichkeit mutet dieses Wunder seltsam hilflos an.

3. »Das Versprechen« (1958)

»Das Versprechen« kann als Schlußpunkt der Auseinandersetzung Dürrenmatts mit dem Detektivroman gelten, eines ästhetischen Klärungsprozesses, der in der völligen Auflösung der Form
gipfelt. Anschaulich illustriert dies die Gegenüberstellung der
Filmfassung »Es geschah am hellichten Tag« und der im gleichen
Jahr – als Gegenkonzept – entstandenen Buchversion. Zu bedenken
bleibt, daß der von Lazar Wechsler in Auftrag gegebene Film in
erster Linie einen aufklärerischen Zweck verfolgt, vor Sexualver-
brechen an Kindern und Jugendlichen warnen will. Dürrenmatt
entwirft in Gemeinschaftsarbeit mit dem Regisseur Ladislao Vajda
ein Drehbuch, das unter allen seinen Versuchen mit dem Detektivroman einer konventionellen Erfüllung dieser Form am nächsten
kommt. Das Geschehen entwickelt sich in dem aus der Kriminalli-
teratur wohlbekannten zweiteiligen Schema: der Scheinaufklärung
des Mordes an einem achtjährigen Mädchen, die in falschem
Geständnis und im Selbstmord des verdächtigten Hausierers Jac-
quier gipfelt. Der zweite Teil bringt, nachdem das Verbrechen
rechtens geklärt ist, die eigentliche Detektivarbeit des Außenseiter-
Polizisten Matthäi, die zur Erhellung des Hintergrundes und
schließlich zur Ergreifung des Täters Schroll (der Zuschauer ahnte
es schon längst) führt. Dürrenmatt war nicht zufrieden mit dem geradezu ›klassischen‹
Detektivfilm: wohl mit seiner Didaxe, die er ja nur durch ein
geschlossenes Ende voll entfalten konnte, nicht aber mit der inhalt-
lichen Konzeption, die weit hinter diejenige der beiden ersten
Detektivromane zurückfällt. Seine Überarbeitung läßt den ersten
Teil weitgehend unangetastet; auch hier wird dem Leser Schritt für
Schritt klar, daß in Gestalt des Hausierers ein Unschuldiger von
der Justizmaschinerie zerrieben wird. Matthäi wird, mehr noch als
im Filmdrehbuch, zur ambivalenten Figur: Einerseits besticht sein
Gerechtigkeitssinn, andererseits gerät er ins Zwielicht des Unredli-
chen, wenn er ein Kind (weitaus skrupelloser als im Film) als
Köder gegen den Verbrecher ausspielt. Dürrenmatt benutzt eine
komplexe Form, stellenweise einen doppelten Erzählrahmen, um
Figur wie Geschehen weitestgehend zu objektivieren. Indem der
Erzähler – ein Kriminalschriftsteller – den Ablauf von Matthäis
ehemaligem Chef erfährt, ergibt sich durch den gebrochenen
Erzählvorgang sowohl eine didaktische Ausrichtung als auch ein
gattungskritischer Ansatz. Dieser wird bereits eingangs deutlich,
wenn der Kriminalschriftsteller in Chur gerade zur gleichen Zeit
einen Vortrag hält wie der Goetheforscher Emil Staiger. Indem die

Welt des »späten Goethe« ironisch der fortschrittsgläubigen Sphäre des Kriminalromans traditioneller Couleur (bei dem am Ende ja auch alles wieder ins Lot kommt) parallelisiert wird, erscheinen beide radikalem Zweifel ausgesetzt. Später äußert sich Dürrenmatt – in der Folge des sog. Züricher Literaturstreits – polemisch zur Frage der »heilen Welt« der Klassiker (vgl. S. 10 f.).

Der Schluß des Romans, der präludierend bereits vorweggenommen ist, spricht für sich: Matthäi zerstört sich selbst auf der Suche nach dem Verbrecher. Die Verfolgung wird zur idée fixe, der Detektiv, »[. . .] verklärt von einem unermeßlichen Glauben« (C 11; 16), »verkam, versoff, verblödete« (C 11; 206). Die Enthüllungsszene im Wald – dramatischer Höhepunkt des Films – gerät zur Wunschvorstellung des Kriminalisten und des Erzählers: In Wirklichkeit kommt es nicht dazu. Der Zufall in Form eines Autounglücks hat längst über Schroll verfügt, die Falle bleibt leer. Die Schlußwendung, so »lächerlich, stupid und trivial« (C 11; 212) sie ist, erweist sich damit als das eigentliche »Requiem auf den Kriminalroman«. Nicht nur erinnert das Resümee des Texts: »Das Schlimmste trifft auch manchmal zu« (C 11; 213) an die Entwicklung der »Physiker«, darüber hinaus ist seine Konzeption derjenigen der Komödien auf lange Strecken vergleichbar. An die Stelle des personifizierten ›Bösen‹ der früheren Detektivromane – Gastmann, Emmenberger – tritt das ungewollt Zerstörerische in Gestalt des Triebverbrechers Schroll, das aber letztlich ungreifbar bleibt. Die Hauptfigur, die sich zuvor virtuos des Zufalls bedient hatte (»Der Richter und sein Henker«) oder zumindest doch in letzter Minute auf ihn bauen durfte (»Der Verdacht«), erscheint nun reduziert zu »[. . .] geradezu stupender, wirklichkeitsfremder Engstirnigkeit« (Knopf K 20; 59). Der Detektiv fällt auf »besonders trist[e]« (C 11; 213) Weise dem Zufall zum Opfer. Hierin wird man keineswegs ein affirmatives Einschwenken auf die konventionelle Grundlinie des Detektivromans (Knopf) erblicken können, denn daß Matthäi am Ende doch »recht« hat, spricht ihn nicht frei vom blinden Vertrauen auf die Planmäßigkeit seines Vorgehens, sondern erweist sich eher als ironische Pointe des Autors, Scheinzugeständnis an die Erfordernisse der Gattung. Für Matthäi bleibt der Umstand ohnehin belanglos; er ist zu verstockt, um ihn überhaupt zu begreifen.

Literatur zu den Detektivromanen:

Eugene E. Reed: The Image of the Unimaginable. A Note on Dürrenmatt's ›Der Richter und sein Henker‹. In: RLV 27 (1961) 117–123.

Günter Waldmann: Requiem auf die Vernunft. Dürrenmatts christlicher Kriminalroman. In: Pädagogische Provinz 15 (1961) 376–384.

William Gillis: Dürrenmatt and the Detectives. In: GQ 35 (1962) 71–74.

Heinrich Bodensieck: Dürrenmatts Detektivgeschichten. Ihr literarischer Wert und die Möglichkeiten ihrer Behandlung im Deutschunterricht. In: Pädagogische Provinz 17 (1963) 385–396.

Brigitte Prorini-Hagen: ›Der Richter und sein Henker‹. In: Johannes Beer (Hg.): Deutsche Romane der Gegenwart II. Stuttgart 1963; 144–146.

Zdenek Horinek: Detektiva, divadlo, Dürrenmatt. In: Divadlo Nr. 3 (1965) 41–47.

Bernard Ashbrook: Dürrenmatt's Detective Stories. In: The Philosophical Journal 4 (1967) 17–29.

Gordon N. Leah: Dürrenmatt's Detective Stories. In: Modern Languages 48 (1967) 65–69.

John R. Pfeiffer: Windows, Detectives and Justice in Dürrenmatt's Detective Stories. In: RLV 33 (1967) 451–460.

Roger Ramsey: Parody and Mystery in Dürrenmatt's ›The Pledge‹. In: Modern Fiction Studies 17 (1971/72) 525–532.

Ralph William Beckmeier: Dürrenmatt and the Detective Novel. Commitment and Responsibility. New York Univ. (= Phil. Diss.) 1973.

Günter Waldmann: Theorie und Didaktik der Trivialliteratur. Modellanalysen – Didaktikdiskussion – literarische Wertung. München (= Kritische Information 13) 1973.

Georg F. Benham: ›Escape into Inquietude‹. Der Richter und sein Henker. In: RLV 41 (1976) 147–154.

Jörg Hienger: Lektüre als Spiel und Deutung. Zum Beispiel: Friedrich Dürrenmatts Detektivroman ›Der Richter und sein Henker‹. In: J. H. (Hg.): Unterhaltungsliteratur. Zu ihrer Theorie und Verteidigung. Göttingen (= Kleine Vandenhoeck-Reihe 1423) 1976; 55–81.

Włodzimierz Bialik: Der Zufall in den Detektivgeschichten von Friedrich Dürrenmatt. In: Studia Germanica Posnaniensia 5 (1976) 37–61.

Ernst-Peter Wieckenberg: Dürrenmatts Detektivromane. In: I 4; 8–19.

Armin Arnold und *Josef Schmidt:* Friedrich Dürrenmatt. In: A. A. u. J. S. (Hg.): Reclams Kriminalromanführer. Stuttgart 1978; 146 f.

Hartmut Kircher: Schema und Anspruch. Zur Destruktion des Kriminalromans bei Dürrenmatt, Robbe-Grillet und Handke. In: GRM (1978) 195–215.

Ira Tschimmel: Kriminalroman und Gesellschaftsdarstellung. Eine vergleichende Untersuchung zu Werken von Christie, Simenon, Dürrenmatt und Capote. Bonn 1978.

Peter Nusser: Der Kriminalroman. Stuttgart (=Slg. Metzler 191) 1980. 113–116.

4. »Grieche sucht Griechin« (1955)

Als eine Art Zwischenspiel zwischen »Ein Engel kommt nach Babylon« und dem »Besuch der alten Dame« steht die ursprünglich mäßig erfolgreiche, heute vergessene »Prosakomödie« »Grieche sucht Griechin«. Dürrenmatt versucht sich an einer Mischform, die Spuren »eines modernen Märchens« (Spycher, Peppard) mit Elementen der Parodie des Liebesromans (Grimm) und einer Kritik der »Hochkonjunktur« (A. Arnold) vereint. Hinzu kommt – der Untertitel deutet es an – eine stark szenische Anlage des Erzähltexts, die auf ein bewußtes Experiment der Übertragung des Komödienkonzepts auf die Form der Erzählprosa schließen läßt. Hierfür spricht auch, daß sowohl das Personal der Erzählung als auch Schauplatz, Situationen und Zusammenhänge in deutlicher Typisierung erscheinen.

Schauplatz ist eine westeuropäische Metropole, die Handlung umspannt vier Tage und berichtet vom Aufstieg des Arnolph Archilochos, eines reichlich verkrampften Buchhalters, zum Generaldirektor, Mitglied eines »Weltkirchenrates« und Ehrenkonsul der Vereinigten Staaten. Den unverhofften Glücksumschwung in seinem Leben verdankt Archilochos seiner Braut Chloé, einer ehemaligen Prostituierten, die sich der besten Verbindungen erfreut. Die Symbolik der Figuren und ihres jeweiligen Stellenwerts in Industrie, Kirche, Kunstbetrieb, Politik und dem ältesten Gewerbe der Welt ist kaum zu übersehen. Als Archilochos Einblick in die Vergangenheit seiner inzwischen angetrauten Frau gewinnt, wird er zum Revolutionär. Mit einer Handgranate will er den Staatspräsidenten umbringen, ist aber unfähig, sein Vorhaben auszuführen. In einer abschließenden Wutszene jagt er seinen Bruder samt einer Gruppe Zecher aus seinem Rokokoschlößchen. Ein zweites Ende – mit weniger klaren gesellschaftspolitischen Implikationen – »für Leihbibliotheken« ist dem eigentlichen Schluß nachgestellt: Es zeigt die Wiedervereinigung mit Chloé in Griechenland. Inzwischen hat in der Heimat eine Revolution stattgefunden, das Machtkartell gewechselt. Politisch bleibt alles beim alten, der Dollar ist nach wie vor »notwendig«. Archilochos und Chloé, die zurückgekehrt sind, reisen desillusioniert wieder nach Griechenland. Die einzige ernste Note in diesem Vexierspiel westlicher Kulturgüter und der heiligen Kühe industriell-politischer Verfilzung ergibt sich durch die Zentralstellung der (Nächsten-) Liebe als läuternde Kraft. Bemerkenswert ist, daß gerade der Staatspräsident, den Archilochos ermorden will, als Repräsentant dieser Liebe erscheint. Hier, im nächtlichen Gespräch im Palais, mündet die parodistisch-kritische Intention der Erzählung ins Märchenhafte, das dann (für den intellektuell weniger privilegierten Leser öffentlicher Bibliotheken) im zweiten Schluß vollends die Oberhand gewinnt.

Dürrenmatts »Prosakomödie« ist einhellig als »[. . .] eine seiner witzigsten, heitersten, liebenswürdigsten, feinstgesponnenen Erzählungen« (Spycher K 17; 230) gewürdigt worden. Ob der Humor des Texts, der sich zumeist in grober Situationskomik oder scheinbar intelligenten Wort- und Namensspielereien erschöpft, diese Würdigung verdient, sei dahingestellt. Fest steht indessen, daß die bunte Mischung herkömmlicher Gattungen eine klare Aussage weitgehend blockiert, daß die Erzählung – ihre Wirkungsgeschichte und das Fehlen von Spezialuntersuchungen beweisen das – kaum anders zu lesen ist als ein traditioneller Komödientext: mehr oder weniger unterhaltsam, dabei grundsätzlich affirmativ gegenüber der komödiantisch erhellten Weltordnung. Der Text wurde 1967 verfilmt.

5. »Die Panne« (1956) und »Im Coiffeurladen« (1957)

Die Dürrenmatt-Forschung ist sich uneins, ob die Hörspielfassung vor oder nach der Buchfassung der »Panne« entstand. Die Umstände der jeweiligen Veröffentlichungen sprechen indessen ebenso wie die Textgestalt dafür, daß die Erzählung später als das Hörspiel geschrieben wurde – gleichsam als Gegenentwurf. Eine Bühnenfassung, die sich etwa gleichzeitig in Arbeit befand, ist erst 1979 veröffentlicht worden.

Die Erzählung trägt einen deutlich kriminalistischen Anstrich, auch wenn sie mit ihrer Grundkonzeption an Kafkas »Der Prozeß« (A. Arnold), in der Thematik an Millers »Tod des Handlungsreisenden« (Bänziger) erinnert. Sie gehört in den unmittelbaren Entstehungszusammenhang von »Der Besuch der alten Dame«, motivische Parallelen sind ebenso offensichtlich wie eine weitgehende Annäherung der Erzählprosa an Spielprinzipien der Komödie. Auslöser des Geschehens ist abermals ein Zufall, nun in Gestalt einer Automobilpanne (der ersten »Panne« der Erzählfassung, der einzigen in der Hörspielversion), die den Generalvertreter Alfredo Traps zur Übernachtung im Hause des pensionierten Richters Werge nötigt. Im Lauf des Abends wird Traps von Werge und seinem Freundeskreis des Mordes an seinem Chef Gygax überführt – eines Mordes, den er im juristischen Sinne nicht begangen hat. Zunächst beteuert er seine Unschuld, im Lauf des Verhörs bekennt er sich dann schuldig und nimmt das gegen ihn ausgesprochene Todesurteil an. Zum Entsetzen seiner Gastgeber – hier die zweite »Panne« – erhängt er sich daraufhin in seinem Zimmer. In der Hörspielfassung fährt er dagegen, unbelehrt und ungerührt, am Morgen im rotlackierten Studebaker zu einem weiteren Opfer seines skrupellosen Geschäftssinnes.

Gemessen am kriminalistischen Zuschnitt der Erzählung, der die Lesehaltung weitgehend bestimmt, durchweg aber Züge der Parodie trägt, entzieht sich die dem Text zugrunde liegende Frage nach einer wie auch immer gearteten Gerechtigkeit zunächst einer eindeutigen Antwort. Traps, der schäbige »Zeitgenosse« (C 9; 15), entspricht dem in den »Theaterproblemen« umrissenen Repräsentanten der modernen Welt: »Mit einem kleinen Schieber, mit einem Kanzlisten, mit einem Polizisten läßt sich die heutige Welt besser wiedergeben als mit einem [. . .] Bundeskanzler. Die Kunst dringt nur noch bis zu den Opfern vor, dringt sie überhaupt zu Menschen, die Mächtigen erreicht sie nicht mehr.« (A 6; 120). Der letzte Satz ist der entscheidende. Traps ist ebenso sehr Repräsentant wie Opfer seines Zeitalters der Hochkonjunktur. ›Schuldig‹ ist er vielleicht im moralisch-ethischen Sinne (wobei feststeht, daß sein Opfer Gygax keinesfalls ›besser‹ ist als er), nicht mehr und nicht weniger indessen als viele seiner Zeitgenossen. Insofern muß der Text eher als Sozialpathographie eines Zeitalters gelesen werden denn als individuelle Charakterstudie. Hierfür spricht auch die vom Autor »Erster Teil« betitelte Einleitung des eigentlichen Geschehens: »So droht kein Gott mehr, keine Gerechtigkeit, kein Fatum wie in der fünften Symphonie, sondern Verkehrsunfälle, Deichbrüche infolge Fehlkonstruktion, Explosion einer Atombombenfabrik, hervorgerufen durch einen zerstreuten Laboranten, falsch eingestellte Brutmaschinen.« (A 6; 80).

Gerechtigkeit als verbindliches, vorherrschendes Prinzip existiert nicht mehr in der Welt des Alfredo Traps. Sie kann sich bestenfalls im schrulligen Ritual der alten Männer manifestieren, und dort nur als bizarrer Ausnahmefall. Wie Dürrenmatt in »Das Versprechen« (Buchversion) das bürgerlich-legalistische Ordnungsprinzip endgültig destruiert, so denunziert er in »Die Panne« ein prinzipielles, ethisch fundiertes Gerechtigkeitsdenken als Hirngespinst, das nur noch in den Köpfen einiger zechender Greise seine Daseinsberechtigung hat. Gerechtigkeit ist, wie alles andere, im Zeitalter des Wirtschaftswunders derart vermarktet worden – hier die Thematik des gleichzeitig entstandenen Stückes »Der Besuch der alten Dame« –, daß sie nur noch vom einzelnen, und da in ihrer skurrilsten Form, realisiert werden kann.

Insofern also scheint der Selbstmord Traps' weniger eine Schuldanerkennung im Sinne eines vorangegangenen Läuterungsprozesses zu signalisieren (Spycher vertritt diese Meinung: »[. . .] in der *Panne* weiht sie [sc. die Gerechtigkeit] einen Mann [. . .] spielerisch, verständnisvoll, ja fast gnadenhaft in ihr hehres Geheimnis ein und hebt den einsichtig Gewordenen zu sich empor« [K 17;

235]), als vielmehr eine ironische Wendung des Erzählvorgangs, die auf die Unmöglichkeit verweist, das Problem von Schuld und Sühne in einer vermarkteten, verdinglichten Welt noch künstlerisch plausibel darzustellen. Ironisch zugespitzt bedeutet das, daß sogar dann, wenn ›Gerechtigkeit‹ nur im bizarren und scheinbar folgenlosen privaten Schauprozeß ›durchgespielt‹ wird, es zur »Panne« kommen kann, die den Spaß am Richten und Plädieren gründlich verdirbt. Im harmlosen Zeitvertreib der alten Männer (nicht umsonst sind alle Figuranten des ›Prozesses‹ Pensionäre!) erweist sich so das Verfechten dieser Gerechtigkeit als gefährlicher Anachronismus: Die Regeln der ›alten‹ Zeit lassen sich nicht ungestraft auf die Gegenwart anwenden.

Von diesem Blickpunkt aus gesehen, ist die Erzählfassung der »Panne« die überzeugendere Version. Die Zurücknahme eines verbindlichen Gerechtigkeitsbegriffs ist, bei aller Ironisierung, noch nachdrücklicher ausgesprochen als im Hörspiel, wo Traps zwar seine Schuld auf sich nimmt, das Ganze aber am Folgetag als »spaßig« abtut. Trotzdem scheint der Autor, was den Schluß betrifft, »[. . .] im Zustand einer sonderbaren Unentschiedenheit zu verharren« (H. Mayer I 5; 40). Diese bezieht sich weniger auf die Durchführung des Themas als auf die jeweils zu erwartende andere Rezeption. Es trifft wohl zu: »Jedenfalls ist durch das Gericht und den turbulenten Abend in Traps nichts verändert worden. Auch durch seinen Tod wird nichts verändert.« (H. Mayer l. c. 45). Trotzdem läßt gerade der Selbstmord in der Erzählung auf das Vorhandensein eines Gerechtigkeitsprinzips ›hinter den Kulissen‹ schließen und den Text somit völlig mißverstehen. Dürrenmatt muß diese Ambiguität gesehen haben.

Auch in dem kurzen Text »Im Coiffeurladen« ist ein traditioneller Gerechtigkeitsbegriff ad absurdum geführt, wenn die Hauptfigur – ein bankrotter Bankier – unabsichtlich zum Attentäter wird und sich daraufhin selbst der Polizei übergibt. So erscheint das Romanfragment als mögliche Variante zur »Panne«, allerdings in weitaus konventionellerer Durchführung. Es erstaunt nicht, daß Dürrenmatt auf die weitere Bearbeitung des Romans verzichtet hat.

Literatur:

Lida Kirchberger: ›Kleider machen Leute‹ und Dürrenmatts ›Panne‹. In: Monatshefte 52 (1960) 1–8.

Werner Kohlschmidt: Selbstrechenschaft und Schuldbewußtsein im Menschenbild der Gegenwartsdichtung. Eine Interpretation des ›Stiller‹ von Max Frisch und der ›Panne‹ von Friedrich Dürrenmatt. In: Albert Schaefer (Hg.): Das Menschenbild in der Dichtung. München (= Becksche Schwarze Reihe 34) 1965; 174–193.

Armin Arnold: Friedrich Dürrenmatt and Edgar Wallace. In: International
   Fiction Review 3 (2/1976) 142–144.
Hans Bänziger: Die Gerichte und das Gericht von Alfredo Traps in einer
   ländlichen Villa. In: I 3; 218–232.

IV. Komödien und Hörspiele (1948–1979)

Mit der Arbeit an »Romulus der Große« vollzieht sich die Wende Dürrenmatts zum Komödienautor. Sein Bühnenwerk beschränkt sich in der Folge auf die Form der Komödie, auch wenn die Stücke im einzelnen beträchtlich variieren. Daß diese Wende »über Nacht« (Tiusanen) geschieht und daß sie einen »Bruch« (Brock-Sulzer) in der Entwicklung des Autors darstellt, erscheint nach genauer Betrachtung der ersten Stücke und der frühen Prosa zweifelhaft. Nicht nur stellte das erstveröffentlichte Stück »Es steht geschrieben« – wenn auch noch mit teils unbeholfenen Mitteln – einen zögernden Vorstoß auf das Feld der Komödie dar, von dem der Autor zu lernen vermochte. Auch die Auseinandersetzung mit dem christlichen Weltbild, der Prozeß einer »Säkularisation« (Bark), hatte in den Texten der Sammlung »Die Stadt« ihren Abschluß erreicht. Nicht umsonst vermerkt Dürrenmatt in den »Sätzen für Zeitgenossen« (1947/48) bereits bündig: »Das allermerkwürdigste scheint mir, daß viele an einen Gott glauben, den man photographieren kann.« (A 6; 82).

Der Zug zur Objektivierung und zur Abstraktion, der die späteren Komödien prägt, deutet sich schon in der 1947/48 verfaßten Aphorismensammlung »Hingeschriebenes« an, in der man Sätze wie die folgenden findet: »Wer eine Welt gebaut hat, braucht sie nicht zu deuten.« Oder: »Auch in der Dramatik wird der Held durch ein Kollektiv ersetzt.« (A 6; 87). Zweifellos fällt in diese frühe Phase der vorläufigen Konsolidierung des Komödienbegriffs auch Dürrenmatts erste Auseinandersetzung mit Brecht. Das genaue Ausmaß dieses Einflusses – daß ein solcher vorgelegen hat, läßt sich unmißverständlich an den ersten Komödien ablesen – ist werkgeschichtlich nicht restlos geklärt. Dürrenmatt selbst hat sich über die Bedeutung Brechts für die eigene literarische Entwicklung weitgehend ausgeschwiegen.

Waren also wesentliche Stufen auf dem Weg zur Formulierung eines Komödienkonzepts in den frühen Texten ansatzweise vorgezeichnet, so begünstigen die äußeren Umstände diese Wende. Die praktische Arbeit am Kabarett unterstützt die Hinwendung zu zeitgenössischen Stoffen und zu einer Form, die offensichtlich dem Publikumsbedürfnis der vierziger und fünfziger Jahre entgegenkam. Im Hinblick auf die Situation des deutschsprachigen Theaters dieser Jahre wird offensichtlich, daß ein akuter Bedarf an aktuellen Komödientexten vorlag. Einerseits galt die Komödienproduktion der Expressionisten aus den Jahren nach dem Ersten Weltkrieg und der gescheiterten Revolution 1918/1919, von Autoren also wie Sternheim, Toller und Kaiser, als veraltet, zum anderen waren die Werke vieler Exilschriftsteller, die im Ausland starben, noch nicht wieder »entdeckt«. Dürrenmatt stößt (ähnlich wie sein Landsmann

Frisch mit einer gänzlich verschiedenen Konzeption) in ein theater-geschichtliches Vakuum, das sich erst um das Jahr 1960 mit einer neuen Generation von Stücken, neuen Inhalten in gewandelter Darbietung, zu füllen beginnt. Und in der Tat sind es die Jahre von 1952 bis etwa 1965, in denen seine Anerkennung als Bühnenautor ihren Höhepunkt erreicht. So bleibt die Entwicklung des Bühnen-werks nicht nur an das ›äußere‹ Weltgeschehen gebunden, zu dem es kritisch Stellung bezieht, sondern sie richtet sich auch nach den sich wandelnden Rezeptionsbedingungen, die, wenn nicht über den Wert eines Textes, so doch über seinen Erfolg oder Nichterfolg entscheiden.

Etwa gleichzeitig mit der Komödienproduktion Dürrenmatts setzt seine theoretische Reflexion übers Theater ein, zunächst in Form von »hinge-schriebenen« Aphorismen, in denen grundlegende Erkenntnisse mit offen-kundigen Gemeinplätzen sich abwechseln, dann – und dieser Komplex ist bislang zu wenig beachtet worden – mit Theaterkritiken, die er während der Spielzeit 1951/52 im Auftrag der Züricher ›Weltwoche‹ schreibt. Als Zeugnisse eines Reifungsprozesses bieten diese Texte neben Banalem und Alltäg-lichem manche wichtige Einsicht. Man vergleiche etwa die beiden Kritiken zu Schillers »Räubern« aus den Jahren 1948 und 1951: Wo sich erstere mit einer psychologisierenden, stellenweise theologisierenden Nachzeichnung der Handlung begnügt, bietet die zweite eine ästhetische Kritik, die über den Mangel an komischen Zügen im Stück zu dem Verdikt einer Wirkungs-losigkeit der »Klassiker« vorstößt: »Man erschrickt nicht bei Klassikern. Man klatscht.« (A 6; 304). Oder Dürrenmatt bespricht eine Komödie von Christopher Fry – dessen beträchtlicher Einfluß auf sein eigenes Werk noch zu untersuchen wäre –; kritisiert »[. . .] die unglaubliche Billigkeit [. . .], die geradezu fürchterliche Primitivität [. . .]« (A 6; 312) der in einem Theater-stück zusammengefaßten Philosophie Sartres; lobt Molière und Lessing und macht erstmals Bekanntschaft mit dem Operettenkomponisten Paul Burkhard, der später die Musik zu »Frank der Fünfte« schreiben wird. Sein »Offener Brief des Schriftstellers Friedrich Dürrenmatt an den Theaterkriti-ker Friedrich Dürrenmatt« will am Beispiel von Bruckners »Pyrrhus und Andromache«, zuvorderst wohl in eigener Sache, den Beweis erbringen, daß die Tragödie keine tragfähige Gattung mehr ist. (Zu Dürrenmatts Strindberg-Rezeption vgl. S. 92 ff.)

Gleichzeitig mit den Theaterkritiken entstehen die Versuche, seinen eigenen theoretischen Standort zu bestimmen. Die am 22. 2. 1952 (in ›Die Weltwoche‹) veröffentlichte »Anmerkung zur Komö-die« liest sich zunächst wie ein Literaturkatalog von Aristophanes über Brecht, Giraudoux, Karl Kraus zu Wedekind, mit einem besonderen Akzent abermals auf Fry und Nestroy (hier nennt der Autor tatsächlich seine literarischen Vorläufer fast vollzählig beim Namen), um dann zum erstenmal den eigenen poetologischen

Standort festzulegen. Als wichtigstes Stilmittel der modernen Komödie nennt Dürrenmatt dabei das Groteske, »[. . .] eine äußerste Stilisierung, ein plötzliches Bildhaftmachen und gerade darum fähig, Zeitfragen, mehr noch, die Gegenwart aufzunehmen, ohne Tendenz und Reportage zu sein« (A 6; 136). Entscheidend ist schon hier die Ablehnung von »Tendenz« und »Reportage«, eine Absage sowohl an episch-didaktisches wie auch an mimetisches Theater. In der folgenden größeren Abhandlung »Theaterprobleme« (1954), seiner vielleicht wichtigsten Stellungnahme zu Aufgabe und Möglichkeit des Theaters, liefert Dürrenmatt die *gesellschaftlich-politischen* Grundlagen seiner Komödientheorie. Allein die Komödie, so argumentiert er, vermag die notwendige *Distanz* zu vermitteln in der Darstellung einer Welt der Technologie, des Kollektivs, der totalitären, undurchschaubaren Machtstrukturen, die realiter nur noch in der Explosion der Atombombe Ausdruck finden können. Er greift historisch auf die Schuld der »Väter und Vorväter« zurück und verweist die Frage nach Schuld und Schuldverweigerung allein in den privaten Bezirk. Seltsam anachronistisch hebt sich die Figur des »mutigen Menschen« (Dürrenmatt nennt unter seinen Bühnengestalten den Blinden, Romulus, Übelohe und Akki [A 6; 123]) von der historischen Realität ab: »In der Wurstelei unseres Jahrhunderts, in diesem Kehraus der weißen Rasse, gibt es keine Schuldigen und auch keine Verantwortlichen mehr. Alle können nichts dafür und haben es nicht gewollt. [. . .] Uns kommt nur noch die Komödie bei.« (A 6; 122).

Die sich hier andeutende Polarität zwischen Tragik (d. h. Verantwortung) des einzelnen einerseits und dem Verlust jeder Individualität und somit Verantwortlichkeit des Kollektivs andererseits wird als Spielprinzip und zugleich als emanzipatorischer Anspruch am einzelnen Komödientext evident. Sie zieht sich, mit Modifizierungen, auch durch die Detektivromane bis hinein in die neueren essayistischen Schriften. Streng genommen unterscheidet sich die Komödientheorie Dürrenmatts bereits in diesem Punkt aufs schärfste von der Konzeption Brechts, die grundsätzlich auf eine Überwindung der individuellen Problematik in der kollektiven Lösung zielt. Dürrenmatt verweist auf diese Unterschiede, wenn er vermerkt: »Brecht denkt unerbittlich, weil er an vieles unerbittlich nicht denkt.« (A 6; 124). Neben der politischen Begründung zielt Dürrenmatt auf eine *ästhetische* Abgrenzung seines Komödienbegriffs, einmal durch seine Betonung des »Einfalls« – »[. . .] die Einführung eines empirisch beispiellosen extremen Reizfaktors [. . .]« (Buddecke M 46; 643) – als Spielprinzip, deutlicher aber noch in der Differenzierung von Kunst und Wissenschaft. Wissenschaft, so folgert er in bewußter Vergröberung, sei lediglich am »Resultat« von Prozessen interessiert; der Bühnenautor hingegen betrachte es als seine Aufgabe, eben jene Vorgänge sichtbar zu machen, die zu Resultaten führen, »[. . .] Versuchsanordnungen zu erproben, die sich in keinem Laboratorium simulieren lassen, deren potentieller Erkenntniswert ihm aber außer Frage zu stehen scheint« (Buddecke M 46; 644). An einer Theoriebildung sei ihm dabei ebensowenig gelegen wie an der Ableitung ethischer oder gesellschaftlicher Maximen. Dürrenmatt betont von vornherein den ästhetisch wie politisch ›offenen‹ Charakter seiner Dramaturgie und umreißt somit schon hier jene ›ideologiefeindliche‹ Position, die für die westeuropäischen Verhältnisse der fünfziger und beginnenden sechziger Jahre typisch ist und direkt in seine Arbeiten bis hin zu den neuesten Stücken Eingang gefunden hat: »Die Bühne stellt für mich nicht ein Feld für Theorien, Weltanschauungen und Aussagen, sondern ein Instrument dar, dessen Möglichkeiten ich zu kennen versuche, indem ich damit spiele.« (A 6; 92) Damit setzt sich Dürrenmatt abermals deutlich von der klassizistischen Dramaturgie, aber auch von Brecht ab. Seine Objektivierung der Kunst drängt nicht, wie Brechts, vermittels einer verfremdenden, durch Abstraktion der Wirklichkeit abgewonnenen Konfiguration auf die eingreifende Stellungnahme des Zuschauers bzw. auf eine Anwendung in der Realität. Sie soll im Gegenteil gerade dadurch erreicht werden, daß sie der Wirklichkeit den Gegenentwurf des freien Spiels gegenüberstellt. Theater ist und bleibt für Dürrenmatt Spielort von Möglichkeiten und Konstellationen, die weder der empirischen Absicherung bedürfen noch notwendig auf eine Übertragung in die Praxis drängen. Auf die Problematik dieser Argumentation kann hier nicht eingegangen werden. Dürrenmatts Theatertheorie, die in ihrem gesellschaftlichen *Anspruch* auf die Freisetzung des Individuellen in der Kunst zielt, die de facto aber hinter die Voraussetzungen einer arbeitsteiligen Gesellschaft zurückfällt, entzieht sich durch ihren Mangel an Systematik, ihre Bedeutung im einzelnen Ansatz wie durch ihre stellenweise gewollte, provokante Widersprüchlichkeit weitgehend einer verkürzenden Darstellung. Sie wird im folgenden Überblick zum Bühnenwerk punktuell herangezogen. Ebenfalls sei auf die Darstellung der neueren essayistischen Schriften (in Kapitel V.) verwiesen: Dort verschiebt sich, bei gleichbleibender Tendenz, das Gewicht der Argumentation zugunsten der politischen Stellungnahme, die jedoch wiederum unter dem Aspekt der Dramaturgie erarbeitet wird und nur von diesem Blickpunkt aus auch bewertet werden kann.

1. »Romulus der Große« (1948; 1956; 1961; 1963)

Kein anderer Text Dürrenmatts ist so häufig einer Revision unterzogen worden wie die erste Komödie »Romulus der Große«. Eine ungeschichtliche historische Komödie«. Kein anderes Stück bietet ein vergleichbar anschauliches Beispiel für den theoretischen Reflexionsprozeß, der diesen Änderungen zugrunde liegt. Geschrieben wird diese erste Komödie in Ligerz am Bieler See, gefördert wird ihr Entstehen durch die bescheidene finanzielle Hilfe, die Dürrenmatt mit seiner ersten öffentlichen Anerkennung – dem Preis des Berner Gemeinderats für sein Erstlingsdrama – erhält. Der Autor bricht die Arbeit an dem später von ihm selbst vernichteten »Turmbau von Babel« ab und wendet sich dem Stoff des Untergangs des Römischen Reiches zu. Die Komödie wird am 25. 4. 1949 in Basel uraufgeführt; Regie führt Ernst Ginsberg. Im gleichen Jahr wird in Zürich das Stück in einer leicht modifizierten Fassung inszeniert. Beide Aufführungen haben nur bedingt Erfolg. Das gilt auch für die Göttinger Inszenierung vom Oktober 1949, der ersten Dürrenmatt-Aufführung in Deutschland.

Der Text liegt in vier verschiedenen Fassungen vor:

a) Fassung der Basler Uraufführung (Typoskript des Reiss-Bühnenvertriebs Basel, 1956);

b) 2. Fassung von 1956, uraufgeführt am 24. 10. 1957 im Schauspielhaus Zürich; veröffentlicht 1957;

c) 3. Fassung von 1961, veröffentlicht 1961;

d) 4. Fassung von 1963, Bearbeitung für das Théâtre National Populaire Paris; veröffentlicht 1964.

Die jeweiligen Veränderungen betreffen, von Details abgesehen, vor allem den IV. Akt. Die Fassung der Uraufführung zeigt Romulus als planvoll Handelnden, als Politiker des Friedens. Hier dominiert eine Komik, die in den späteren Fassungen seit 1957 durch Anflüge einer persönlichen Tragik, des Scheiterns eines nun nicht mehr so gradlinig handelnden Kaisers gebrochen erscheint. Insofern reflektieren die Überarbeitungen die immer konsequentere Übertragung der theoretischen Schriften zum Theater auf den Text, die sich in der sukzessiven Entwertung des individuellen Handlungsspielraums ausdrückt. Läßt a) die Konzeption eines humorvollen »Landesverräters« in der Figur des Romulus erkennen (so vermerkt Dürrenmatt in der ersten »Anmerkung«: »Ich rechtfertige einen Landesverräter [. . .] aber einen von denen, die es nie gibt.« [A 6; 177]), des humanitären Endzeitpolitikers, so wird diese in b) bereits dem Bild des »mutigen Menschen« angepaßt, des Schwärmers, der in c) und d) dann zum Narren hin tendiert. So verändert sich das Stück in seinen vier Fassungen vom utopischen Gegenentwurf einer Politik der Menschlichkeit (der »bewußt utopischen[n] Politidylle« [Scholdt]) zur resignativen Satire, deren letzter Befund nur die Machtlosigkeit des einzelnen angesichts der Willkür weltpolitischer Umbrüche sein kann.

In zwei »Anmerkungen« aus den Jahren 1949 und 1957 umreißt der Autor die ihm jeweils wichtigen Deutungsaspekte (vgl. A 6; 175 f. bzw. 177 f.; A 1; 78 f.) des Stückes. Zu a) vermerkt er: »Aber

Romulus rebelliert. Auch wenn die Germanen kommen. Dies sei gelegentlich zur Nachahmung empfohlen. [. . .] Ich bitte, den Staaten scharf auf die Finger zu sehen und sehe ihnen scharf auf die Finger.« (A 6; 177 f.). Tatsächlich trägt die »ungeschichtliche historische« Komödie in ihrer Erstfassung Züge eines Lehrstücks. In der Gestalt des hühnerzüchtenden Kaisers entheroisiert Dürrenmatt Geschichte und gibt sie dem Gelächter seines Publikums preis. Die Gegenkonzeption zur Realhistorie, wie sie die vier Akte des Stükkes vorführen, löst zugleich die Form des historischen Dramas von innen her auf (Ansätze waren hierfür bereits in »Es steht geschrieben« sichtbar) und erhebt die Frage, ob Geschichte nicht auch *so*, als der *planmäßige* Vollzug der Destruktion eines Großreiches, denkbar sei. Die innere Dialektik strebt durch die drei ersten Akte direkt auf den Schluß hin, in dem sich dann die Strategie des Kaisers – und des Stückes – voll enthüllt. Verweisen die lehrstückhaften Aspekte direkt auf eine erste Brecht-Rezeption Dürrenmatts, die in den späten vierziger Jahren anzusetzen ist, so hält die Struktur der Komödie (dies gilt auch für alle Bearbeitungen) klar an den aristotelischen Einheiten fest: Akt I bietet eine Exposition, indem er die Charakterisierung des Romulus der Lage des Reiches kontrastiert; Akt II und Akt III bringen die Durchführung des Geschehens, das lediglich 24 Stunden umspannt, und Akt IV – nach der Scheinkrise der versuchten Ermordung des Kaisers am Ende von III, die komisch-wirkungslos verpufft – die Lösung des Konflikts in ironisch-komödiantischer Pointierung. Integrationspunkte für den Verlauf der Handlung wie der inneren Dialektik bilden jeweils die Schlußsentenzen der einzelnen Akte: »Rom hat einen schändlichen Kaiser!« (I) »Dieser Kaiser muß weg!« (II) »Wenn dann die Germanen da sind, sollen sie hereinkommen« (III). Die Sprache des Stückes – sichtbar beeinflußt von Wedekind, Shaw und Fry – antizipiert im ganzen schon den späteren Komödienstil. Neben der ›entschärfenden‹ Pointe, dem sprachlichen understatement, verwendet Dürrenmatt Sprachspiele und den bewußten Kontrast verschiedener Stilebenen, des Pathos und der Platitüde, die dem dramaturgischen Stilmittel einer Gleichsetzung des Ungleichwertigen entspricht. Hier arbeiten stilistische Pointe und grotesker Effekt erstmals Hand in Hand.

Die Ästhetik des Stückes vereint somit bereits alle für die Komödien Dürrenmatts spezifischen Komponenten: ein Anti-Illusionstheater, das Wirklichkeit nicht nachahmen, sondern durch ein artistisches Gegenkonzept in Frage stellen will; die sich selbst in der Pointe durchgängig relativierende Sprache, deren komödiantischer Anstrich nicht auf die Vermittlung *realer* gesellschaftspolitischer Alternativen angelegt ist, die aber im gelungeneren Einzelfall durchaus die Bloßstellung abgelebter Denk- und Sprachformen zu leisten vermag. Die lehrstückhafte Anlage der Erstfassung drängt, wiewohl das Ganze bereits im ungeschichtlichen Raum suspendiert erscheint, noch auf eine zumindest spielerische Anwendung hin. Diese wird dann, entsprechend der späteren Komödientheorie, in den Revisionen zurückgenommen: Es tritt die schlimmstmögliche Wendung ein.

Weniger geschlossen als die Urfassung erscheinen dagegen alle späteren Überarbeitungen, auch wenn sie im dramaturgischen Detail überzeugender wirken. Zu b) merkt der Autor an, daß der Kaiser »[. . .] dem Publikum nicht allzu schnell sympathisch erscheinen darf« (A 6; 176). In der Tat wird so die Verfremdung, die in a) Resultat der Gesamtkonzeption ist, auf den Exponenten übertragen, der nun als tragisch Handlungsunfähiger aus dem Geschehen heraus bzw. neben das Geschehen tritt. Romulus wird zum Bärlach der Detektivromane und verliert an Geschlossenheit, indem er eine Tragik annimmt, die »[. . .] in der Komödie seines Endes, in der Pensionierung liegt [. . .]« (A 6; 176). In Fassung d), die etwa mit der Arbeit am »Meteor« zusammenfällt, überlagert sich ihr dann zusätzlich der Zug der Ohnmacht in der Lächerlichkeit: Romulus, nachdem alle seine Pläne gescheitert sind, nachdem er sein Volk geopfert hat, darf (wie Schwitter im »Meteor«) nicht sterben. Sein Kalkül hat sich gegen ihn gewendet, er kann sich nur – wie der Möbius der »Physiker« im Irrenhaus – in der Villa des Lukull zur Ruhe setzen. Der Wandel in der beabsichtigten Tendenz der vier Fassungen des Stücks signalisiert Schritt für Schritt den Weg vom komödiantischen Entwurf eines Lehrstücks einer Politik der Humanität über die Einsicht in die Unmöglichkeit einer Einflußnahme des einzelnen auf weltgeschichtliche Zusammenhänge – es sei denn im Solipsismus des »mutigen«, aber tragisch-scheiternden Menschen – zu der für die frühen sechziger Jahre typischen Position der totalen ideologischen Verweigerung.

Im Urteil der Interpreten über die Gestalt des Romulus, die für jede Deutung des Stückes zentral bleiben muß, spiegelt sich die Zwiespältigkeit der späteren Konzeptionen: Romulus wird als eine Verschmelzung des Schweyk mit Marc Aurel, dem Philosophen der Humanität (Durzak), gesehen, als »Trottel« und doch »beinahe als tragischer Held« (A. Arnold). Gerade angesichts dieser Widersprüchlichkeit ist kaum ein anderes Stück Dürrenmatts geeigneter, den Wandel im ästhetisch-dramaturgischen Konzept sichtbar zu machen, vor allem jedoch die Veränderungen eines Geschichtsbilds, das ebenfalls keineswegs widerspruchsfrei sich entwickelt.

Literatur:
Philippe Ivernel: ›Romulus le Grand‹. In: Théâtre Populaire 54 (1964) 90 f.
Horst Haller: Friedrich Dürrenmatts ungeschichtliche Komödie ›Romulus der Große‹. Ein Versuch, sie zu verstehen. Braunschweig (= Germanistische Studien 1) 1966; 77–106.
Elfriede Bayerl: Friedrich Dürrenmatts ›Romulus der Große‹. Ein Vergleich der Fassungen. Wien (= Phil. Diss.) 1970.
Günter Scholdt: Romulus der Große? Dramaturgische Konsequenzen einer Komödien-Umarbeitung. In: ZfdPh 97 (1978) 270–287.
Donald G. Daviau: Romulus der Große. A Traitor for our Time? In: GR 54 (1979) 104–109.

2. »*Die Ehe des Herrn Mississippi*« *(1950; 1957; 1961; 1969)*

Gleichzeitig mit »Der Richter und sein Henker« entsteht, noch immer in Ligerz, die »Die Ehe des Herrn Mississippi. Eine Komödie in zwei Teilen«, an der Dürrenmatt noch bis zur Uraufführung am 26. 3. 1952 in den Münchner Kammerspielen (Regie Hans Schweikart) feilt. In den unmittelbaren werkgeschichtlichen Kontext gehört das Hörspiel »Der Prozeß um des Esels Schatten« (vgl. S. 60) und Dürrenmatts Arbeit als Theaterkritiker der ›Weltwoche‹. Die Uraufführung wird zum uneingeschränkten Erfolg bei Publikum und Kritik, sie bedeutet für den Autor die endgültige Anerkennung als einer der wichtigsten Bühnenautoren deutscher Sprache. Die Erstfassung erscheint bereits 1952 im Druck. Aufführungen im westlichen Ausland (New York 1958, London 1959) werden wohlwollend, aber (noch) ohne große Begeisterung zur Kenntnis genommen.

Dürrenmatt selbst inszeniert das Stück 1954 in Bern – seine erste Erfahrung als Regisseur. Anläßlich einer Züricher Neuinszenierung (unter Leopold Lindtberg) entsteht 1957 eine zweite Fassung, die im gleichen Jahr veröffentlicht wird. Ein Filmdrehbuch liegt 1961 vor (Regie: Kurt Hoffmann; die Aufführung beim Berliner Filmfestival 1961 wird zum Mißerfolg), zugleich die dritte Revision der Komödie. Im Rahmen seiner Tätigkeit als Mitglied der Direktion der Basler Bühnen entwirft Dürrenmatt 1969 eine vierte Fassung, die er wegen seines Ausscheidens aus der Bühnenleitung zwar nicht zur Aufführung bringt, aber im Folgejahr als »Mississippi 1970« veröffentlicht. Die verschiedenen Überarbeitungen während eines Jahrzehnts stellen in erster Linie dramaturgische und sprachliche Eingriffe dar; an der Substanz des Stückes ändert sich wenig. Am größten sind die Unterschiede zwischen der ersten und der zweiten Fassung, wobei die Tendenz der Revision offensichtlich auf eine Reduktion des »phantastischen« Anstrichs der Komödie, des sprachlichen Pathos und überdeutlicher religiöser Anklänge hinausläuft (Phelps l. c.). Ein Vergleich der Bearbeitungen zeigt jedoch einen gedanklichen Klärungsprozeß, der sich von dem Experimentcharakter der zwei ersten Fassungen zur überzeugenden Konfiguration (insbesondere im Drehbuch) verdichtet.

Die Untersuchung der literarischen Einflüsse, die in der Komödie wirksam werden, hat die Interpreten genügend beschäftigt; zu greifbaren Ergebnissen ist man indessen kaum gelangt. Offensichtlich ist – im Situativen wie im Sprachlichen – der Einfluß Wedekinds. Dürrenmatt mußte sich gegen den Vorwurf des Plagiats verwahren, der von Tilly Wedekind, der Witwe des Autors, vor dem Schutzverband Deutscher Schriftsteller 1952 gegen ihn erhoben wurde: Er habe »Schloß Wetterstein« abgeschrieben bzw. andere Arbeiten Wedekinds reichlich geplündert. Dürrenmatts Stellungnahme zu diesem Vorwurf (»Bekenntnisse eines Plagiators«, ›Die Tat‹ 9. 8. 1952 bzw. A 6; 239 ff.) stellt eine seiner aufschlußreichsten Äußerungen über den eigenen Arbeitsprozeß dar, weil sie diesen erhellt und nicht, wie häufig, verschleiert. Auch die Parabeln Brechts dürfen als möglicher Denkanstoß für die Grundkonzeption gelten, läßt Dürrenmatt doch im »Mississippi« erstmals seine Figuren bestimmte ideologische Positionen verkörpern. Jene »Dialektik *mit* Personen« (A 6; 244), die er selbst auf Wedekind (und indirekt auf Kleist!) zurückführt, dürfte weit eher in den Wirkungskreis Bert Brechts verweisen – ein Umstand, der den Interpreten bislang entgangen ist. Daß diese »Dialektik« am Ende dann komödiantisch-resignativ abgebogen wird, ändert grundsätzlich nichts an ihrem Einfluß auf die Ästhetik des Stückes. Unübersehbar sind ebenfalls die zahlreichen episierenden Einschübe, die weniger parodistisch (Durzak) als mit deutlicher Experimentierfreude eingesetzt erscheinen. Auch eine Einwirkung Frischs auf das Stück ist betont worden (Bänziger). Tatsächlich ist der fast gleichzeitig entstandene »Graf Öderland« (1. Fssg. 1951) Frischs Antwort – die er übrigens 1956 und 1961 revidierte – auf eine ähnlich gelagerte Ausgangsfrage, und die radikal unterschiedliche Gesellschaftskritik beider Stücke läßt eindringlich auf die jeweiligen Positionen der beiden Schweizer Autoren schließen. (Vgl. hierzu auch Dürrenmatts »Öderland«-Kritik A 6; 257 ff.) Gemeinsamkeiten scheinen am ehesten im geteilten Unbehagen an der Gesellschaft zu liegen, weitere Einflüsse können beim genaueren Textvergleich ausgeschieden werden. Schließlich scheint die Komödie zumindest in ihrer Grundkonstellation Spuren einer Strindberg-Rezeption aufzuweisen, die werkgeschichtlich noch nicht näher untersucht wurde. Tatsächlich sah Dürrenmatt den »Totentanz« nach eigener Maßgabe 1948 in Basel; drei Jahre später rezensiert er eine Aufführung der »Gespenstersonate« in der ›Weltwoche‹. Als erstes Anzeichen einer Auseinandersetzung mit Strindberg, die in »Der Meteor« aufgegriffen und in »Play Strindberg« weitergeführt wird, verdiente der Fragenkomplex Aufmerksamkeit.

Dürrenmatt selbst hat mit Deutungsversionen für sein Stück nicht gegeizt: Der Beweis einer »bemerkenswerten Unsicherheit« (Durzak) des Autors seinem Stoff gegenüber? So läßt er in einem langen episierenden Monolog im ersten Teil den Grafen Bodo von Übelohe-Zabernsee feststellen, »[. . .] daß es dem neugierigen Autor auf die Frage ankam, ob der Geist – in irgendeiner Form – imstande sei, eine Welt zu ändern, die nur existiert, ohne eine Idee zu besitzen, ob die Welt als Stoff unverbesserlich sei [. . .]« (A 1; 118). Die drei Männer, die die Welt »aus verschiedenen Methoden« verändern wollen, verkörpern jeweils die Grundpositionen der herrschenden Ideologien: Florestan Mississippi, bürgerlicher

Generalstaatsanwalt alttestamentarischen Zuschnitts, bekämpft den Verfall der (westlichen) Rechtsgrundsätze. Frédéric René Saint-Claude, überzeugter Marxist, arbeitet für die Weltrevolution. Der dritte schließlich, Übelohe, im Besitz der göttlichen Gnade, verkörpert nach Dürrenmatts eigener Aussage den »mutigen Menschen« im Angesicht einer »verlorene[n] Weltordnung«, die er »in seiner Brust« (A 6; 123) wiederherzustellen vermag. Am Totentanz der Ideologien – hier die an Strindberg gemahnende Konstellation, die durch die ›mörderische‹ Ehe Mississippis und Anastasias noch unterstrichen wird – entfaltet sich die Argumentation des Stückes in formaler Zweiteilung. Sprachlich ist der Text insofern noch den Arbeiten der zweiten Schaffensphase verpflichtet, als er stellenweise eher verspielt als konzis erscheint und bis zur Manier auf die Pointe hin drängt. Andererseits zeigen gerade die beiden letzten Überarbeitungen eine Tendenz zur stilistischen Verkürzung, wie sie die Komödienproduktion ab dem »Besuch« prägt.

Der Verlauf dieser »Dialektik« von Ideen ist nicht ohne die Berücksichtigung des Hintergrundes, vor dem das Stück entsteht, adäquat zu deuten. »Mississippi« ist Dürrenmatts erste Komödie, in der er einen Stoff der Gegenwart bearbeitet. Die Positionen der Antagonisten Mississippi und Saint-Claude stehen für die weltgeschichtlich sich immer mehr verhärtenden Fronten von West und Ost. Beide sind gleichermaßen skrupellos angelegt; in ihrem Fanatismus bieten sie keine plausible Alternative. Der Staatsanwalt, der seine erste Frau ermordet hat, läßt unbedenklich die Todesstrafe walten, wo er das Gesetz Mosis gebrochen sieht. (Dürrenmatt hat hier die ökonomische Basis des bürgerlichen Rechtsdenkens noch nicht erkannt; hiervon wird er dann in »Stranitzky« und im »Besuch« handeln.) Saint-Claude versucht sich als Revolutionär und wird als Stümper erledigt. Der rigorose Moralismus, wie ihn beide vertreten, wirkt als Abstraktion der »Spielregeln« der jeweiligen Lager letztlich nicht überzeugend, und Mississippis Schlußsentenz: »So fielen wir, Henker und Opfer zugleich, durch unsere eigenen Werke« (A 1; 157) bleibt im ästhetischen Raum der Komödie verfangen – übertragbar auf die symbolisch verkörperte Realität ist sie nicht. Auch das Ende der Titelfigur spricht für sich: Der Staatsanwalt hatte sich der Gattenmörderin Anastasia in einer Strindbergschen Ehe verbunden, die »für beide Teile die Hölle« bedeutete; er stirbt im Bühnenstück durch Gift. In der Filmversion dagegen landet er im Irrenhaus, gleich dem Physiker Möbius, am Ende hilflos beteuernd: »Ich wollte doch nur die Welt ändern. Und die Welt muß geändert werden. Es ist mir nicht gelungen. Aber andere werden kommen. Immer wieder. Mit immer neuen Ideen.

Die Welt muß geändert werden . . . Die Welt muß geändert werden . . . Die Welt muß geändert werden . . . Die Welt muß geändert werden . . . (B 5; 149 f.).

Genau besehen, ist es im Rahmen des Spiels nicht eigentlich die ›Welt‹, an der diese Änderungsversuche scheitern. Es ist Anastasia, Katalysator für Mississippi und Saint-Claude, ästhetisches Regulativ der Skrupellosigkeit der Antagonisten, die sie selbst noch zu übertreffen vermag, eben weil sie nicht ›ideologisch‹ belastet und völlig amoralisch ist. Als Vorwegnahme der Claire Zachanassian, auch der Rolle des Kurt in »Play Strindberg«, verkörpert sie das Prinzip der Käuflichkeit, moderner ausgedrückt: der totalen Vermarktung. Indem sie jedoch, als neuzeitliche Variante der mittelalterlichen Allegorie von der »Frau Welt«, als »Große Hure von Babylon« (Tiusanen), über sich selbst hinauswächst, bestätigt sie den Befund des Stückes. Nur Übelohe bleibt am Ende übrig: eine armselige Don-Quixote-Karikatur, die als einzige – und ebensowenig einleuchtend wie Knipperdollinck auf dem Rad – noch an die Gnade Gottes glaubt.

»Mississippi« ist die erste konsequente Anwendung der in den »Theaterproblemen« entworfenen Komödientheorie und somit ein politisches Stück. Es kann kaum zutreffen, daß die Komödie »[. . .] dem Mißverständnis am offensten zugänglich ist« (Brock-Sulzer K 2; 45), im Gegenteil, der Autor entwickelt Schritt für Schritt seine Gesellschaftstheorie am Zusammenprall der Ideologien, der zur gegenseitigen Vernichtung führt. An einer historischen *Analyse* dieser Grundpositionen ist ihm nicht gelegen, ja sie erscheint ihm von vornherein aufgrund der Machtverfilzung ausgeschlossen: »Der heutige Staat ist jedoch unüberschaubar, anonym, bürokratisch geworden, und dies nicht etwa nur in Moskau oder Washington, sondern auch schon in Bern, und die heutigen Staatsaktionen sind nachträgliche Satyrspiele, die den im Verschwiegenen vollzogenen Tragödien folgen.« (»Theaterprobleme« A 6; 119 f.)

Die »Dialektik« des Stückes bleibt, indem sich ihre Positionen gegenseitig aufheben, ungelöst. Sie verweist unmittelbar auf die Ästhetik zurück, denn nur im Kunstraum der Bühne kann ein hoffnungsloser Befund nochmals durchgespielt und, komödiantisch, auf seine Tragfähigkeit hin überprüft werden. Das Ende in Form der gegenseitigen Vernichtung der Spiel-Ideologien antizipiert die Möglichkeit einer realgeschichtlichen Entwicklung. Es täuscht zugleich ein Ergebnis vor, das keineswegs als erwiesen gelten kann: die Unwandelbarkeit des Menschen. Ausgeklammert bleibt die Frage nach den gesellschaftlichen bzw. historischen Verhältnissen, denen der Mensch ausgesetzt ist und die durchaus veränderlich sind. Der Spielrahmen der Komödie hebt sie von vornherein ästhetisch auf. Derart entfaltet der Text durch die extreme groteske Verzeichnung der einzelnen Positionen zwar eine begrenzt emanzipatorische Wirkungsabsicht, er verharrt jedoch auf dem »statischen« (Knopf) Geschichtskonzept der Frühdramen. Die (unausgesprochene) Prämisse einer »absoluten Sittlichkeit« (Durzak), die dem Stück zugrunde liegt, wird Dürrenmatts spätere Bühnenproduktion gleichermaßen bestimmen wie der hier schon extrem verfochtene Ideologieverdacht.

Literatur:

Gottfried Benn: Die Ehe des Herrn Mississippi. In: I 1; 31–33.

Leland R. Phelps: Dürrenmatt's ›Die Ehe des Herrn Mississippi‹. The Revision of a Play. In: MD 8 (1965) 156–160.

Cesare Cases: Friedrich Dürrenmatt, ›Die Ehe des Herrn Mississippi‹. In: C. C.: Stichworte zur deutschen Literatur. Kritische Notizen. Wien 1969; 241–252.

Reinhold Grimm: Nach zwanzig Jahren. Friedrich Dürrenmatt und seine ›Ehe des Herrn Mississippi‹. In: Basis. Jahrbuch für deutsche Gegenwartsliteratur 3 (1972) 214–237.

Gerwin Marahrens: Friedrich Dürrenmatts ›Die Ehe des Herrn Mississippi‹. In: I 3; 93–124.

Helmut Schirmer: Raum und Zeit in Dürrenmatts Tragikomödie *Die Ehe des Herrn Mississippi.* In: Acta Germanica 11 (1979) 161–180

3. *»Ein Engel kommt nach Babylon« (1953; 1957)*

Dürrenmatts dritte Komödie entsteht zwar bereits in Neuchâtel, wo die Familie seit 1952 ansässig ist, sie greift jedoch auf den schon 1948 bearbeiteten Stoff des »Turmbau von Babel« zurück. Eine erste Fassung, die den ersten Akt des vernichteten Stückes einarbeitet, wird 1953 niedergeschrieben und 1954 mit dem Untertitel »Eine Komödie in 3 Akten« veröffentlicht. Die Uraufführung der Münchner Kammerspiele in der Regie von Hans Schweikart am 22. 12. 1953 verläuft nur mäßig erfolgreich. Der Autor ist mit dem Resultat nicht zufrieden und überarbeitet das Stück. 1957 wird die zweite Fassung in Göttingen aufgeführt; mit dem Untertitel »Eine fragmentarische Komödie in 3 Akten« liegt sie 1958 im Druck vor. Rudolf Kelterborn vertont den Text nahezu zwanzig Jahre später. Seine gleichnamige Oper wird am 5. 6. 1977 in Zürich uraufgeführt.

Der Vergleich der Fassungen zeigt keine drastischen Veränderungen. Die Revision betrifft vor allem eine stringentere motivische Anordnung im zweiten und dritten Akt sowie die allgemeine Zuspitzung des Dialogs. In seiner »Anmerkung« zu der zweiten Fassung (A 1; 252 u. A 6; 179) erklärt der Autor den Untertitel, der den Fragmentcharakter des Stückes unterstreicht: Eine Fortsetzung sei geplant, unter dem Titel »Die Mitmacher«, in der der eigentliche Turmbau dann zu zeigen sei: »Alle sind gegen den Turm, und dennoch kommt er zustande . . .« (ibid.). Die Fortsetzung des »Engel« ist offenbar nicht zustande gekommen.

Stellt »Die Ehe des Herrn Mississippi« einen Vorstoß zur zeitgenössischen Thematik dar, so ist der »Engel« zweifellos als ›Anachronismus‹ innerhalb der Werkgeschichte zu betrachten. Dabei ist das von Forschung und Kritik geschätzte, ja überschätzte Stück (»Endlich wird wieder märchenhafter Zauber auf der Bühne zugelassen« [Bänziger K 1; 163]) nur die ästhetische Realisierung einer – wenn auch radikal anderen – ebenfalls in den »Theaterproblemen« vorgezeichneten Position. Wie er im »Mississippi« die Verkörperung von Ideologien in Szene setzte, geht es Dürrenmatt nun um die Verinnerlichung, die Konzentration auf die Person des mutigen, begnadeten Menschen. Insofern träfe es durchaus zu, den »Engel« als eine Art Gegenentwurf zu seinem Vorläufer zu lesen, auch wenn er gedanklich eher auf die frühen Dramen zurückweist. Die Ausgangssituation der Komödie ist Brechts »Der gute Mensch von Sezuan« entlehnt, auch an der Durchführung lassen sich formale Parallelen ablesen: Das Mädchen Kurrubi will, in Begleitung eines Engels, den Menschen die göttliche Gnade bringen. Gnade indessen definiert der Autor schillernd und keineswegs im strikt theologischen Sinne. Eine seiner Definitionen lautet: »Gnade hat mit Zufall zu tun: denn wenn etwas unberechenbar ist, so ist es die Gnade. Ich würde sagen, daß die Gnade für mich ein existentielles Signal ist.« (E 25; 19)

Der Zufall will es, daß Kurrubi auf den als Bettler verkleideten König Nebukadnezar trifft. Nicht jener aber, sondern der Bettler Akki, der »mutige Mensch« des Stückes, verdient die Gnade. Er verläßt am Ende mit Kurrubi Babylon, ein Land, in dem der König den »wahrhaft sozialen Staat« einführen will. Nebukadnezar scheitert, seine »neue Ordnung der Dinge« will nicht gelingen: »Ich suchte die Armut zu tilgen. Ich wünschte die Vernunft einzuführen. Der Himmel mißachtete mein Werk. Ich blieb ohne Gnade.« (A 1; 249) Ähnlich wie in Brechts Sezuan-Parabel stellt sich heraus, daß Gnade – wie dort »Güte« und Gerechtigkeit – auf dieser Welt nicht realisierbar ist. Verweist indessen die Konsequenz der Parabel bei Brecht auf eine Veränderung der Verhältnisse, so mündet Dürrenmatts Märchenkomödie im Eskapismus und, denkt man sie weiter, im utopischen Idealzustand einer Welt ›ohne Staat‹. Die Frage nach der Möglichkeit einer gerechten, »begnadeten« Welt bleibt unbeantwortet, im Ästhetischen aufgehoben. Insofern muß die Anwendbarkeit des Schlüsselsatzes aus der »Anmerkung« auf den Text zweifelhaft erscheinen: »Nur was in sich stimmt, stimmt auch an sich.« (A 1; 252) Denn in der Komödie, in dem der Engel die Schönheit der Erde besingt, ist ein Ausweichen »in die Wüste« noch möglich – in der Realität wohl kaum.

Die Komödie wurde zunächst als Alternative zu Brechts »Der gute Mensch von Sezuan« gedeutet: »Vom *Engel* scheint [. . .] der Ausweg aus der Sackgasse Brecht möglich.« (Bänziger K 1; 166) Doch als solche ist der Rekurs auf den Gnadenmythos, bedenkt man die historische Lage, auf die er trifft, kaum tragfähig. Zwar verkündet Akki, wenn er die Henkerskutte anlegt, mit programmatischem Anspruch seine Philosophie des Überlebens: »Die Welt zu bestehen, muß der Schwache sie erkennen, um nicht blind einen Weg zu gehen, der sich verliert, in eine Gefahr zu rennen, die zum Tode führt. [. . .] Stelle dich dumm, nur so wirst du alt« (A 1; 221) und stellt sich damit in die Nachbarschaft der Shen Te und des Schweyk. Doch seine Lage ist grundverschieden: Er vermag sich durch die Einwirkung der Gnade und vermittels der Armut aus einer verwalteten Welt zu retten. Auch als Parodie der oftmals beschönigenden Funktion von Literatur ist die Komödie verstanden worden. Dürrenmatt selbst deutet diese Intention durch parodierende Zitateinlagen wie durch unverhohlenen Spott über die ›Dichter‹ an. Dieser Deutung widerstrebt jedoch einerseits der relativ konsequente Einsatz der formalen Mittel Brechts, zum anderen auch die qualitative Umkehr der Grundstruktur des »Engels«, wie sie wenig später im »Besuch der alten Dame« erfolgt. So wird man nicht umhin können, den »Engel« als Experiment der Verschmelzung von Märchenkomödie und epischem Theater zu betrachten und zugleich als endgültige Absage des Autors an metaphysische Lösungsversuche der diesseitigen Misere.

Literatur:

Friedrich Dürrenmatt: Zur zweiten Fassung meiner Komödie ›Ein Engel kommt nach Babylon‹. In: Blätter des deutschen Theaters in Göttingen Nr. 109, 1956/57, 154 f.
Ernst L. Weiser: Dürrenmatt's Akki: An Actor's Life for Me! An Interpretation. In: Monatshefte 68 (1976) 387–394.

4. Die Hörspiele (1946; 1951–1956)

Dürrenmatts Hörspielproduktion umfaßt acht Texte. Mit Ausnahme des Vorläufers »Der Doppelgänger« sind sie alle in den Jahren von 1951 bis 1956 entstanden und gehören somit, grob gesprochen, der zweiten Arbeitsphase zu. Die Hörspiele sind, außer den ersten beiden, Auftragsarbeiten für deutsche Rundfunkanstalten. Chronologisch fallen sie in die fruchtbarsten Jahre der

Gattung Hörspiel, das von Anbeginn offenbar durch die deutschen Rezeptionsbedingungen besonders begünstigt wurde: In den Jahren von 1927 bis 1960 wurden in Deutschland rund 200 Hörspiele veröffentlicht, 160 davon allein in den wenigen Jahren nach dem Zweiten Weltkrieg. Die Zahl der Sendungen liegt weitaus höher. Statistiken verzeichnen etwa 180 Hörspielsendungen pro Jahr seit 1945 bzw. eine jährliche Gesamtausstrahlung von annähernd 500 Titeln in der Bundesrepublik (einschließlich Wiederholungen und Übersetzungen). Dürrenmatt gehört mit Aichinger, Bachmann, Böll, Brecht, Eich und anderen zu den Autoren, die das Hörspiel nicht nur als notwendige Einkommensquelle betrachten, sondern innovativ über die Grenzen des bisher Geleisteten vorzustoßen versuchen. Im Fall Dürrenmatts bedeutet dies weniger eine Experimentierfreude mit der Gattung des Hörspiels an sich als die Möglichkeit, *dramaturgische* Entwürfe bzw. Gegenkonzepte experimentell durchzuspielen und gegebenenfalls auf andere Medien zu übertragen. So wurden mehrere der Hörspiele szenisch oder als Fernsehspiele aufgeführt, »Die Panne« auch als Erzählung veröffentlicht (vgl. S. 39ff.) und zwei der Texte sogar vertont.

Besteht einerseits ein deutlicher Zusammenhang, vor allem im Formalen, zwischen den Hörspielen Dürrenmatts und der westdeutschen Nachkriegsproduktion, so liegen andererseits thematische Unterschiede vor. Wo dort im Gefolge des starken Einflusses von Borchert zunächst Stoffe Vorrang besitzen, die sich der ›Bewältigung‹ der unmittelbaren Vergangenheit verschrieben haben (Kriegs-, Heimkehrer- und »Zonen«-Thematik), und später, bis zu den Anfängen des »neuen Hörspiels« der sechziger Jahre, konkret gesellschaftskritische Themen im Vordergrund stehen, geht Dürrenmatt zumindest stellenweise eigene Wege. Das Hörspielwerk bleibt dabei grundsätzlich der Theaterarbeit verbunden, auch in Form des bewußten Gegenentwurfs und auch dann, wenn medienspezifische Überlegungen im Vordergrund stehen: »Der westdeutsche Rundfunk und das westdeutsche Fernsehen etwa sind nicht zufällig für die Schriftsteller oft lebenswichtig, diese Anstalten brauchen einfach Stücke [. . .] Überhaupt tut es dem Schriftsteller gut, sich nach dem Markte zu richten. Er lernt so schreiben, listig schreiben, das Seine unter auferlegten Bedingungen zu treiben. Geldverdienen ist ein schriftstellerisches Stimulans.« (A 6; 54 f.) Als Theoretiker des Hörspiels hat sich der Autor nicht betätigt. In einer der wenigen Stellungnahmen zur Gattung begnügt er sich mit einer Abgrenzung gegenüber der Bühne: Das Radio stelle gegenüber Theater und Film eine Abstraktion dar. In den visuellen Medien sei, im Gegensatz zum Funkspiel, eine »größere Steigerung« des ästhetischen Effekts möglich, da Sprache »als der eigentliche Höhepunkt« erreicht werde. Letzten Endes aber – und dies kann durchaus als poetologischer Befund gelten – macht er wenig Unterschied zwischen den Gattungen: »Es handelt sich überall um den Menschen, um den Menschen, der redet, der durch das Spiel zum Reden gebracht wird.« (»Vom Sinn der Dichtung in unserer Zeit« A 6; 61). – Für »Die Panne« erhält der Autor den deutschen Preis der Kriegsblinden (1956), für »Abendstunde im Spätherbst« im Jahr 1958 den Prix d'Italia.

Das Hörspielwerk ist im ganzen unterschiedlich beurteilt worden. Neben der häufig vertretenen Abqualifizierung der Texte als Gelegenheitsarbeiten des Bühnenautors liest man etwa, Dürrenmatt habe gerade hier »[. . .] seine höchste Potenz erreicht« (Usmiani M 59; 126), auch wenn er die Gattung selbst nicht durch neue Formvorschläge gefördert hat, wie z. B. Eich dies leistete. Tatsächlich dürfte die Geschlossenheit und Gedrängtheit der Dürrenmattschen Hörspieltexte Anlaß genug sein, sein eigenes Verdikt über die Gattung aufs neue zu befragen. Besonders im Vergleich mit den Dramatisierungen – etwa des »Herkules« auf der Bühne oder der Bearbeitung der »Abendstunde« als Fernsehspiel – überzeugt der Hörspielentwurf auf lange Strecken mehr als die Bühnen- bzw. Filmrealisierung, gerade *weil* die Beschränkung auf das Wort eine (sprachliche) Konzentration erzwingt, die die Bühne nicht leistet.

Eine im größeren Rahmen werkgeschichtliche Betrachtung wird davon auszugehen haben, daß Hörspiel – wie Film und Fernsehspiel – für Dürrenmatt jeweils eine Verlängerung bzw. Verkürzung des Bühnenmediums mit anderen, wenn auch vergleichbaren Mitteln darstellt. Seine Hörspiele stellen also in erster Linie *dramaturgische* Entwürfe dar, die sich sowohl innerhalb der Chronologie der Komödien ansiedeln als auch außerhalb. Interessant ist dabei, daß sie keineswegs durchgängig als »Komödien« anzusehen sind. Hatte sich der Bühnenautor schon mit dem »Romulus«, später mit den »Theaterproblemen« und anderen theoretischen Stellungnahmen auf die Komödienform festgeschrieben, so gilt dieser werkimmanente Formzwang nicht für die Funkspiele. Für die Werkgeschichte sind sie zusätzlich deshalb von Bedeutung, weil sie im Detail die Entwicklung der Jahre 1951 bis 1956 erhellen. Diese Zeitspanne ist, das dürfte aus dem Vorangegangenen schlüssig geworden sein, für die endgültige gesellschaftliche und ästhetische Orientierung des Autors von entscheidender Bedeutung. Beispielhaft belegt so auch die Hörspielproduktion, der Fortschritt von »[. . .] sermons in dialogue form to radioplays of great subtlety and wit« (Peppard K 14; 108), den Reifungsprozeß zum Dramatiker ersten Ranges.

Betrachtet man die Chronologie des Werkkontexts (»Der Doppelgänger« wird, da er noch der Gruppe der Frühwerke angehört, nicht berücksichtigt), so ergibt sich folgendes Bild:

Die erste Gruppe der Hörspiele (a) steht stark unterm Einfluß der Detektivromane, sie zeichnet sich darüber hinaus, »Stranitzky« am eindeutigsten, durch scharfe Stellungnahme gegenüber den gesellschaftlichen Verhältnissen aus. Insofern bilden die Texte dieser Gruppe, wenn auch mit einiger Einschränkung, Gegenstücke zur »Ehe des Herrn Mississippi«. Die zweite Gruppe (b) verbindet zeitgenössisches Engagement mit einem Rekurs auf den Mythos im »Herkules«, stellt in Form des »Unternehmens der Wega« dem »Engel« ein Science-Fiction-Gegenkonzept zur Seite und leitet mit »Abendstunde im Spätherbst« zur Thematik der Hochkonjunktur über, einem Thema, das etwa gleichzeitig im »Besuch« bearbeitet wird. Die endgültige Entscheidung des Autors für die Komödienform dürfte in der Zeit der Arbeit am »Besuch« gefallen und durch dessen Erfolg bestätigt worden sein. Dürrenmatt hat seither kein Hörspiel mehr geschrieben.

a) »Der Doppelgänger« (1946)

Dieser erste Hörspieltext entsteht schon 1946 in Bern, noch während des Studiums. Im gleichen Jahr lehnt Radio Bern das Spiel ab. Eine Buchausgabe liegt 1960 vor, in einer Gemeinschaftsproduktion vom Norddeutschen (NDR) und Bayerischen Rundfunk (BR) wird es 1961 gesendet. Eine Kurzoper von Jiri Smutny (»Doppelgänger«) entsteht 1975 und wird im gleichen Jahr in Gelsenkirchen uraufgeführt.

Thematisch gehört das Funkspiel zum Frühwerk. Innerhalb eines episierenden Rahmens, der im Dialog zwischen Regisseur und Schriftsteller das Geschehen umgreift und kommentierend durchkreuzt, vollzieht sich der Kampf eines »Mannes« mit seinem »Doppelgänger«. Der Mann wird von seinem Doppelgänger mit der Anklage, er sei ein Mörder, aus dem Schlaf geschreckt, begeht dann tatsächlich einen Mord und stellt sich dem »hohen« Gericht. Epischer Rahmen und Spielgeschehen verschmelzen am Ende, wenn Schriftsteller und Regisseur das leere Schlößchen, Sitz des Gerichts, gemeinsam betreten. Die Quintessenz des Texts liegt in der Frage nach einer ›höheren‹ Gerechtigkeit bzw. der Ungerechtigkeit der Welt, die nur durch Gnade überspielbar ist: »Nur wer seine Ungerechtigkeit annimmt, findet seine Gerechtigkeit, und nur wer ihm [sc. dem hohen Gericht] erliegt, findet seine Gnade.« (A 4; 36) An zentraler Stelle wird die lutherische Glaubensformel im Dialog zwischen Mann und Regisseur paraphrasiert (A 4; 35).

Der Gedanke einer paradoxen Gerechtigkeit hat Dürrenmatt von Anfang an beschäftigt. In der Verbindung mit theologischen und philosophischen Aspekten durchzieht er das Frühwerk sowie – verändert und seiner metaphysischen Beiklänge beraubt – die Mehrzahl der Komödien. Das Hörspiel ist somit vor allem der frühen Prosa, aber auch den beiden ersten Dramen verwandt. Wie jene, zeigt es klare Spuren einer Kafka-Rezeption (»Das Urteil«, »Der Prozeß«), deren religiöse Deutung Dürrenmatt ohne Zweifel seinen Berner Lehrern der deutschen Literaturwissenschaft verdankt. In seiner gedanklichen Abstraktion wie in der parabolischen Anlage steht der Text im Hörspielwerk für sich.

b) »Der Prozeß um des Esels Schatten« (1951)

Das Funkspiel wird am 5. 4. 1951 erstmals von Studio Bern gesendet; dies bleibt die einzige Erstaufführung eines Dürrenmattschen Hörspiels durch den Schweizer Rundfunk. Die Buchausgabe erscheint 1956 mit dem Untertitel »Nach Wieland – aber nicht sehr«.

Mit der Bearbeitung des vierten Teils von Wielands Roman »Geschichte der Abderiten« erstellt das Spiel ein Gegenkonzept zur literarischen Tradition. Wenn dort der Streit aufklärerischheiter endet – nur der Esel fällt ihm zum Opfer: er wird von den feindlichen Parteien zerrissen –, so verfährt Dürrenmatt anders. Sein Abdera, das unverkennbare Züge der westeuropäischen Nachkriegsgesellschaft trägt, steht – wie jene unter den Vorzeichen des Kalten Krieges – am Rand der Katastrophe. In diese Phase der Auseinandersetzung »[. . .] zwischen dem Geist und dem Materialismus, zwischen der Freiheit und der Sklaverei« (A 4; 79) fällt der Streit zwischen »Eseln« und »Schatten«, der letzten Endes nur der Kriegsindustrie nützt. Am Schluß geht Abdera in Flammen auf.

Der zeitkritische Vorwurf reiht den Text mit »Mississippi« und dem »Besuch der alten Dame« in die Gruppe der Werke ein, die eine historisch-gesellschaftliche Wirkung anstreben. So stellt »Der Prozeß um des Esels Schatten« Dürrenmatts nur wenig verschleierte Antwort auf den Korea-Krieg dar. Die literarische Vorlage ermöglicht zwar den Bezug zu einem historischen bzw. zeitgenössischen Geschehen, sie dient aber auch der Differenzierung der jeweils unterschiedlichen Ausgangsposition: Der begrenzte Konflikt der Supermächte schließt jetzt die Möglichkeit einer unbegrenzten nuklearen Konfrontation ein. Erstmals erscheint hier auch das Proletariat als Interessengruppe, in der gleichen komödiantischen Verzeichnung wie alle Beteiligten. (Die Anleihe an Brechts Seeräuber-Song [Lied des Typhis] ist somit nicht nur ornamentaler Natur, denn auch in Abdera herrscht ja das Gewinninteresse.) Im Gegensatz zu Frischs wenig späterem Hörspiel »Herr Biedermann und die Brandstifter« (1952) insistiert Dürrenmatt im »Prozeß« darauf, daß die Wurzeln des Zerfalls der westlichen Gesellschaft in ihr selbst liegen, und zwar in allen Schichten, ja daß sie ihre eigene Zerstörung aktiv betreibt. Frisch hingegen verlagert die Frage auf die Ebene einer Sozialpathographie bzw. -psychologie des spezifisch Bürgerlichen, das durch seine Feigheit und Unbedarftheit der Katastrophe Tür und Tor öffnet.

Es braucht kaum eigens betont zu werden, daß Abdera – ein kleines Land, das vom Kriegsgewinn lebt – als Modell auch für die Schweiz steht. Mit dem Hörspiel setzt Dürrenmatts Kritik am eigenen Staat ein, die vier Jahre später im »Besuch der alten Dame« einen ersten Höhepunkt erreichen wird.

c) »Nächtliches Gespräch mit einem verachteten Menschen« (1951)

Das 1951 entstandene Hörspiel wird unter dem Titel »Nächtlicher Besuch« am 25. 7. 1952 in der Regie von Hans Schweikart an den Münchner Kammerspielen szenisch uraufgeführt. Ebenfalls 1952 wird es vom Bayerischen Rundfunk gesendet. Im Folgejahr wird es von Radio Bern (9. 4. 1953) übernommen. Die Buchveröffentlichung mit dem Untertitel »Ein Kurs für Zeitgenossen« liegt 1957 vor. Eine Vertonung – die Kurzoper »Nächtliches Gespräch« – von Jiri Smutny wird im Dezember 1968 in Stuttgart uraufgeführt.

Wie »Stranitzky und der Nationalheld« leistet auch das »Nächtliche Gespräch« einen Beitrag zur Bewältigung der europäischen, insbesondere der deutschen Vergangenheit. Beide Spiele greifen darüber hinaus, ersteres als Befund, letzteres im warnenden Exempel, direkt in die gesellschaftliche Gegenwart ein. Thematisch und hinsichtlich des didaktischen Anspruchs, den sie erheben, gehören sie zusammen. Dürrenmatt kommt in diesen beiden Spielen – abgesehen von Texten der späten sechziger und frühen siebziger Jahre – dem Typus des Lehrstückes relativ am nächsten.

Das »Gespräch« wurde vielfach theologisch gedeutet, als »moderne Kunst des Sterbens« (Johnson) verweise es auf die einzige Möglichkeit, in Demut sein Schicksal anzunehmen (Peppard, Tiusanen). Die Interpretation als »Lehrstück über die Hinfälligkeit aller kämpferischen Lehren« (Bänziger K 1; 179) eröffnet dagegen gesellschaftliche Deutungsperspektiven. Werkgeschichtlich zu stützen wäre sie durch die Erzählung »Der Tunnel«, die im gleichen Zeitraum entstanden ist. Doch auch sie bleibt zu abstrakt und läßt wesentliche Verweiselemente innerhalb des Spiels wie auch den Rezeptionshintergrund der frühen fünfziger Jahre außer acht.

Das Funkspiel verzichtet nahezu vollständig auf szenische Elemente. Im Mittelpunkt steht das Zwiegespräch eines Schriftstellers mit seinem Henker. Aus dem Dialog erschließt der Zuhörer den Schauplatz eines totalitären Staates, in dem jede Lebensregung überwacht wird, das Pochen auf Freiheit ein Todesurteil nach sich zieht. Widerstand ist sinnlos, und so ergibt sich das Opfer seinem Henker. Die dramaturgische Konfiguration dieses dritten Funkspiels schließt also durchaus an diejenige des »Doppelgängers« an, wenn auch mit verändertem Inhalt. Die intendierte Wirkung des Texts setzt bei der Situation des Schriftstellers in der absoluten Diktatur an; der Tod der einen Figur und die fast wohlwollende Komplizenschaft der anderen stellen demnach keinen Endpunkt der Dialektik dar, sondern deren provokativen Beginn. Am warnenden Exempel – nicht umsonst nennt der Untertitel das Stück einen »Kurs« für Zeitgenossen – soll sich der Widerstand gegen das Dargestellte entfalten: »[. . .] es ist eine traurige Zeit, wenn man um das Selbstverständliche kämpfen muß.« (A 4; 110) Evident ist, wenn man die Entstehungszeit berücksichtigt, daß Dürrenmatt hier die Diktatur des Dritten Reiches im Auge hatte, deren Beispiel einen Denkanstoß gegen eine mögliche Wiederholung in Form des Meinungskonformismus oder der Übernahme des öffentlichen Lebens durch Bürokratie und Verwaltung geben soll. Publikum und Kritik der Münchener Inszenierung von 1952 interpretierten das Stück anders: als Anklage gegenüber totalitären Systemen des Ostens. Eine Übertragung auf die eigenen Verhältnisse kam nicht zustande. Verantwortlich war in erster Linie die (allzu) abstrakte Anlage des Stückes, zusätzlich sicher ein Publikum, das zu Beginn des Wirtschaftswunders selbstkritischer Reflexion kaum zugänglich war.

d) »Stranitzky und der Nationalheld« (1952)

Der 1952, kurz vor der Übersiedlung nach Neuchâtel, entstandene Hörspieltext wird am 9. 11. 1952 vom NWR (Hamburg) erstmals gesendet. Eine Übernahme durch den Schweizer Rundfunk findet nicht statt. Die Erstveröffentlichung datiert ins Folgejahr; 1959 liegt die Buchpublikation vor. Ein unveränderter Neudruck wird 1978 (A 8; 101–139) publiziert.

Formal (was die Erzählerrolle, den Szenenwechsel, die Einblenden und Geräuscheffekte betrifft) gilt das Stück als gelungenstes Funkspiel Dürrenmatts. Stofflich verweist »Stranitzky« auf die Nachkriegs- und Heimkehrerthematik, wie sie Borcherts »Draußen vor der Tür«, früher schon Tollers »Hinkemann« darstellten; der Text verlängert aber das Motiv des von der Kriegsmaschinerie als nutzlos ausgeworfenen Krüppels und läßt es direkt in die Wohlstandsgesellschaft der frühen fünfziger Jahre hineinwirken. Der Name des Protagonisten gemahnt einerseits an den Schneider Strapinsky aus Kellers »Kleider machen Leute«, zum anderen an den Bühnenautor Joseph Anton Stranitzky (1676–1727), den Begründer des Wiener Volkstheaters. Ob die jeweilige Anspielung intendiert ist, mag dahingestellt bleiben. (Vgl. zu Dürrenmatts Rezeption der »alten Wiener Volkskomödie« seinen Artikel aus dem Jahr 1953 [A 6; 142–145].) Als äußerlicher Anlaß für das Hörspiel soll der Tod der Eva Perón gedient haben, der 1952 die Sensationspresse ebenso wie eine sensationslüsterne Öffentlichkeit beschäftigte. Andere zeitgenössische Vorfälle wären gleichermaßen denkbar. Stranitzky und sein Freund Anton, vom Krieg verkrüppelt bzw. geblendet, werden dem »Nationalhelden« Baldur von Moeve (die Namensanspielung auf Baldur von Schirach ist kaum zu überhören) kontrastiert, der an der »sensationellen« Krankheit einer aussätzigen Zehe leidet. Moeve steht für die unbewältigte Vergangenheit des Landes – in diesem Fall der Schweiz, auch wenn alle Bezüge übertragbar sind –, dessen organisierte Meinungsmanipulation durch die Medien ebenso unbarmherzig gegeißelt wird wie die Manipulierbarkeit seiner Bevölkerung. Erstmals richtet der Autor deutlich seine Kritik auf die neue Gesellschaft amerikanischer Prägung. Im Lauf des Spiels wird Stranitzky und Anton Schritt für Schritt die Illusion genommen, daß sie in diesem Staat noch mitreden können. Am Ende gehen beide ins Wasser.

Selten übt Dürrenmatt so unverhohlene Gesellschaftskritik wie in diesem Funkspiel. Von einer komödiantischen Anlage kann auch hier – wie in den vorangegangenen Hörspieltexten mit der möglichen Ausnahme des »Prozesses« – nicht die Rede sein. Dort, wo Humor durchbricht, äußert er sich in bitterem Sarkasmus, und das

Ende der Kriegsinvaliden unterstreicht den im ganzen hoffnungslosen Befund. Daß die beiden Krüppel selbst nur Produkte ihrer gesellschaftlichen Umwelt sind und dieser keine Alternativen entgegenzusetzen haben – im Gegenteil: sie streben verzweifelt nach Integration bei der »Regierung« – gehört ebenso zur Bestandsaufnahme des Spiels wie seine Technik einer gewissenhaften Diagnose der Symptome. Eine Möglichkeit zur Veränderung der Verhältnisse wird nicht angestrebt.

e) »Herkules und der Stall des Augias« (1954)

Das 1954 entstandene Hörspiel wird im gleichen Jahr vom NWR (Hamburg) erstgesendet und am 20. 10. von Radio Bern übernommen. Ebenfalls 1954 liegt, mit dem Untertitel »Mit Randnotizen eines Kugelschreibers«, die vom Autor illustrierte Buchveröffentlichung vor. Eine von Dürrenmatt besprochene Schallplatte (Auszug) erscheint 1957. Die Theaterfassung entsteht 1962 (vgl. S. 80 f.). Erst 1978 publiziert der Autor einen »Entwurf zum Hörspiel« (A 8; 93–99).

Thematisch schließt der gelungene Hörspieltext an »Stranitzky und der Nationalheld« an. Auch hier geht es um den »Nationalhelden«, die Entmythisierung des Heros, der angesichts einer allmächtigen Bürokratie versagen muß. Verweisen schon die Namen der Figuren auf die heimatliche Schweiz, so macht dies der Text überdeutlich: »Die Elier sind ein Bauernvolk. Fleißig, einfach, ohne Kultur. Sie vermögen nur bis drei zu zählen. Geistig eben zurückgeblieben.« (A 4; 167) Am Modell Schweiz, nur notdürftig verschleiert durch den mythologischen Stoff, entfaltet sich abermals die Gesellschaftskritik Dürrenmatts an der ›freien Welt‹, nun aber in eindeutig komödiantischer Anlage. (Die gleiche »griechische« Maskierung verwendet Dürrenmatt in der Prosakomödie »Grieche sucht Griechin«, die direkt nach dem Hörspiel entsteht.) Unüberhörbar mischt sich in die Kritik an der administrativen Verfilzung die durch das antikische Kolorit geförderte Parodie des europäischen Kulturbetriebs. Der Schluß stützt sich auf den »Einfall« der Komödientheorie: Zwar verläßt Herkules Elis unverrichteter Dinge, der Mist indessen ist über Nacht zu fruchtbarer Erde geworden. Augias, trotz seiner Eigenschaft als Politiker, hat das »Gute« getan, das »Eigene«, und unbürokratisch das Problem gelöst. Er öffnet damit die ehedem verseuchte Stadt der »Gnade«, auf die sein Sohn Phyleus nun hoffen darf. Phyleus, das legt der Schluß nahe, wird die einmal begonnene Arbeit fortsetzen. Im Entwurf von 1953 ist dieser Schluß noch nicht vorgesehen, hier bleibt das Land »unausgemistet«. Am Ende des Funkspiels läßt sich somit klar erkennen, wie die theoretische Basis der »Theaterprobleme« unmittelbar in die Arbeit am Text einwirkt: Der ästhetisch außer Kraft gesetzte Mythos des Nationalhelden wird gegen den Gnadenmythos eingelöst.

f) »Das Unternehmen der Wega« (1954)

Das Spiel entsteht 1954 und wird im Folgejahr in einer Gemeinschaftsproduktion das Bayerischen, Süddeutschen und Norddeutschen Rundfunks erstgesendet. Die Erstveröffentlichung liegt im gleichen Jahr vor.

Könnte man »Herkules und der Stall des Augias« als Gegenentwurf zu »Stranitzky und der Nationalheld« deuten, so »Das Unternehmen der Wega« zweifelsfrei als den Gegenentwurf zu »Ein Engel kommt nach Babylon«. Das technisch experimentelle Stück – Dürrenmatt arbeitet mit einer Vielzahl von Geräuscheffekten und Verfremdungsmechanismen – spielt im Jahre 2255. Seine Anlage überwindet die Gattung der Science Fiction, ähnlich wie die Detektivromane die dort herkömmliche Form von innen her auflösen. Anstelle der (oftmals naiv) fortschrittsgläubigen Tendenz, die der Science Fiction zugrunde liegt, entwirft Dürrenmatt mit grundsätzlich dem gleichen Instrumentarium eine düstere Zukunftsprognose. Die Erdbewohner stehen auf der Schwelle vom kalten zum heißen Krieg und wollen für ihre Zwecke die unwirtliche Strafkolonie Venus als Stützpunkt gewinnen. Die Unterhändler des Raumschiffes Wega sehen sich einer Gemeinschaft gegenüber, die im Kampf mit den Elementen vollauf beschäftigt ist und nicht in das Kriegsgeschehen hineingezogen sein will. Der kunst- und literaturliebende Sir Horace Wood, Außenminister der »freien verbündeten Staaten Europas und Amerikas«, ordnet die Zerstörung des Planeten mit Nuklearwaffen an, um einem möglichen Pakt der Venusbewohner mit »den Russen« zuvorzukommen. Die Quintessenz des Spiels: »Der Mensch ist etwas Kostbares und sein Leben eine Gnade.« (A 4; 237) Während aber die Venusbewohner nach dieser Erkenntnis leben müssen, haben die Erdmenschen sie längst vergessen. Die Lehre der »Physiker« kündigt sich hier an, wenn Bonstetten Wood entgegenhält: »Du kannst die Tat nicht zurücknehmen, die du denken konntest.« (A 4; 240) In letzter Konsequenz beantwortet das Funkspiel so seine Ausgangsfrage. Hier ist die in den »Theaterproblemen« programmatisch angekündigte Bühne der »Möglichkeiten« erstmals voll verwirklicht, anstelle der Dramaturgie der »vorhandenen Stoffe« tritt die Dramaturgie der »erfundenen Stoffe« (A 6; 128), der Antizipation.

g) »Die Panne« (1955)

Das Funkspiel scheint vor der gleichnamigen Erzählung (vgl. S. 39 ff.) entstanden zu sein. Es wird am 17. 1. 1956 vom Bayerischen Rundfunk erstgesendet und am 26. 4. 1956 von Radio Bern übernommen. Eine Bearbeitung als Fernsehspiel wird im Februar 1957 (Regie: Fritz Umgelter) übertragen. Die Buchveröffentlichung des Hörspiels erfolgt 1960, später als die der Erzählung. Der Text wurde mehrfach und in verschiedenen Übertragungen für die Bühne bearbeitet. Die bekannteste Bearbeitung von James Yaffe (»A Deadly Game«) wird 1960 in New York uraufgeführt. Dürrenmatts eigene Bühnenbearbeitung erscheint erst 1979 (vgl. S. 103 f.).

Auch wenn man, wie in unserer Deutung der Erzählung, davon ausgeht, daß der Erzähltext in seiner doppelten – und doppelbödigen – Verwendung der »Panne« (einmal mit Blick auf die Fahrtunterbrechung, die zur ›Gerichtssitzung‹ führt; dann hinsichtlich des unplanmäßigen Selbstmordes) überzeugender wirkt, ist das Hörspiel in mehrfacher Weise beachtenswert. Erstens: Deutlicher noch als die Detektivromane denunziert es ein ethisch fundiertes Gerechtigkeitsdenken in einer Gesellschaft der »Hochkonjunktur« als Farce – gerade weil der »Zeitgenosse« Traps am Ende unbeschwert neuen Geschäften entgegeneilt. Zweitens: In seiner Konzeption eines neuen, jeder Verbindlichkeit entkleideten Gerechtigkeitsbegriffs ist das Funkspiel als Variante der gleichzeitig entstandenen Komödie »Der Besuch der alten Dame« zu betrachten. Und drittens: Wie jene liefert es ein gelungenes Beispiel der Dramaturgie des Grotesken, der Gleichzeitigkeit des Ungleichwertigen – ein Darstellungsmittel, das die folgenden Texte immer stärker bestimmen wird. In der Konfrontation des schäbigen Traps und der skurrilen Gerechtigkeitsfanatiker bei der Henkersmahlzeit wird als »äußerste Stilisierung« die Unvereinbarkeit eines dem Idealismus entlehnten Rechtsdenkens mit einer auf materielle Bereicherung gegründeten Gegenwart sichtbar. Der entlarvende Effekt dieser grotesken Konfrontation macht letztlich die Wirkung des Funkspiels aus, auch wenn es nicht zur fatalen Konsequenz kommt.

h) »Abendstunde im Spätherbst« (1956)

Dürrenmatts letzter Funkspieltext entsteht 1956 und wird vom Norddeutschen Rundfunk im Jahr darauf uraufgeführt (Originaltitel: »Ein Abend im Spätherbst«); am 20. 3. 1958 wird das Hörspiel von Radio Bern unter dem Titel »Herr Korbes empfängt« gesendet. Die Erstveröffentlichung datiert ins Jahr 1957; die Buchveröffentlichung erfolgt erst 1959. Eine szenische Aufführung findet im November 1959 unter der Regie von Rudolf Noelte im Berliner Theater am Kurfürstendamm statt; 1960 wird das Stück als Fernsehspiel für das Schweizer Fernsehen bearbeitet.

In seinem Vortrag »Schriftstellerei als Beruf« (Studio Bern, 25. 4. 1956, revidierte Fassung in A 6) setzt sich der Autor mit der Rolle des Schriftstellers in der westlichen, spezifisch der Schweizer Gesellschaft auseinander. Er betont deutlich die ökonomischen Aspekte des Berufs: Wer überleben will, muß Erfolg haben. Freiheit des Geistes und Erfolg gehen dabei nicht notwendig Hand in Hand. Wie eine späte Erläuterung zum »Doppelgänger« liest sich folgende Notiz:

> »Freiheit: da man für unsere Gesellschaftsordnung die Freiheit in Anspruch nimmt, hat man sich auch angewöhnt, von der Freiheit des Schriftstellers zu reden [. . .] der westliche Schriftsteller sei frei, der östliche dagegen ein Sklave [. . .] Die Freiheit des Geistes ist das Hauptargument gegen den Kommunismus geworden, ein nicht unbedenkliches« [. . .] (A 6; 52).

In der »Abendstunde« greift der Autor das gleiche Thema spielerisch-satirisch auf. Der Nobelpreisträger und Romancier Korbes, Erfolgsliterat und Verfasser von »Bekenntnisromanen«, ist das Gegenstück zum Schriftsteller im »Nächtlichen Gespräch«. Im Gegensatz zu jenem überlebt er jedoch, da er mit keinerlei Skrupeln belastet und, zwecks Produktion von Literatur, sogar zum vielfachen Mörder geworden ist. Auch in struktureller Hinsicht weist das letzte Funkspiel eindeutige Parallelen zum dritten auf: Wie dort laufen auch hier Rahmen und Handlung zusammen, der zweiundzwanzigste Mord des Autors am Privatdetektiv findet innerhalb der Handlung statt. Eine Abweichung von diesem Muster ergibt sich durch die zyklische Struktur, die Anfang und Ende verschmilzt; sie unterstreicht indessen die satirische Wirkungsabsicht. Die Nähe des Funkspiels zu den Detektivromanen ist offensichtlich.

Erstmals tritt hier zum Zweck der satirischen Anprangerung bestimmter literarischer Richtungen (die Anspielung auf Hemingway ist unüberhörbar – sogar der Name wird genannt) und der an sie geknüpften Erwartung – die auf dem ›Erlebnischarakter‹ von Literatur insistiert – der Typus des brutalen Erfolgsmenschen innerhalb des Kulturbetriebs auf. Dürrenmatt wird ihn im »Meteor« dann auf die Bühne stellen. Liest man die Worte des ›Autors‹ Korbes im einzelnen nach, so können sie als Gegenkonzeption zu dem gelten, was Dürrenmatt als die Aufgabe von Literatur betrachtet, Literatur als Handlangerin der arbeitsteiligen Gesellschaft, als lukrative Affirmation der Entfremdung eines Lebens aus zweiter Hand: »Die wahre Literatur beschäftigt sich nicht mit Literatur, sie hat die Menschheit zu befriedigen. Die dürstet [. . .] am wenigsten nach Erkenntnissen, die dürstet nach einem Leben, das die Hoffnung nicht braucht [. . .] Die Literatur ist eine Droge geworden, die ein Leben ersetzt, das nicht mehr möglich ist.« (A 4; 314) Ästhetische Kritik und Gesellschaftskritik bezeugen im letzten Hörspiel deutlicher als sonst ihren gemeinsamen Ursprung. In der formalen und gedanklichen Durchführung fallen sie schließlich in eins.

Literatur vgl. S. 126 ff:
Stefan Bodo Würffel: Das deutsche Hörspiel. Stuttgart (=Slg. Metzler 172) 1978.

5. »Der Besuch der alten Dame« (1955)

Die »tragische Komödie in drei Akten« entsteht 1955. Unter der Regie von Oskar Wälterlin wird sie am 29. 1. 1956 im Züricher Schauspielhaus uraufgeführt. Therese Giehse spielt die Hauptrolle; ihre Schauspielerpersönlichkeit wirkt direkt in die weitere Produktion des Autors hinein. (So ist ihr die Rolle der Mathilde von Zahnd in »Die Physiker« sozusagen ›auf den Leib‹ geschrieben.) Das Stück wird zum uneingeschränkten Publikumserfolg der Spielsaison 1956 und der des Folgejahres und bringt den Durchbruch Dürrenmatts als Bühnenautor von Weltruhm. Am Text selbst hat der Autor nichts geändert. Er inszeniert ihn selbst, mit nur leichten Akzentverschiebungen, 1956 in Basel und 1959 in Bern. Inszenierungen in aller Welt folgen, darunter die sinnverändernde New Yorker Bearbeitung (in der Regie von Peter Brook nach der Übertragung von Maurice Valency [»The Visit. A Play in Three Acts«. Adapted by Maurice Valency. New York 1958]), die am 5. 5. 1958 uraufgeführt wird; die tragisch akzentuierte Inszenierung von Giorgio Strehler in Mailand hat am 31. 1. 1960 Premiere. Eine Filmfassung (»The Visit«, 20th Century Fox nach dem Drehbuch von Ben Barzman; Regie Bernhard Wicki) wird 1964 aufgeführt. Zusammen mit dem Autor erarbeitet Gottfried von Einem ein Libretto, seine gleichnamige Oper wird 1971 in Wien uraufgeführt. Sie ist bislang die bekannteste und zugleich umstrittenste Vertonung eines Dürrenmattschen Texts geblieben.

»Der Besuch der alten Dame« gilt bei der Kritik als Dürrenmatts »bestes« Stück (Jenny). Zusammen mit den »Physikern« gehört der Text noch immer zum Standardrepertoire kleinerer Bühnen und, in den jeweiligen Verfilmungen bzw. Fernsehbearbeitungen, zum Programm der Fernsehanstalten. Er ist in alle Weltsprachen, daneben auch ins Ungarische, Dänische, Portugiesische, in Afrikaans, ins Tschechische etc. übertragen worden und steht nach wie vor zusammen mit »Die Physiker« auf den Lehrplänen Schweizer und bundesdeutscher Schulen. Beide Komödien haben eine Flut von feuilletonistischen und literaturwissenschaftlichen Deutungen in West und Ost hervorgerufen und werden als überzeugendste Realisierung der Dürrenmattschen Komödientheorie angesehen.

Als mögliche Vorlagen bzw. Denkanstöße hat man auf Gotthelfs »Schwarze Spinne« (Bänziger, Struc), überzeugender auf Mark

Twains Erzählung »Der Mann, der Hadleyburg korrumpierte« (1899) hingewiesen. Der Autor selbst erwähnt in einem Gespräch (mit Bienek) eine geplante »Novelle« mit dem Titel »Mondfinsternis«, in der ein aus Amerika Zurückgekehrter sich an einem Rivalen rächt. Offensichtlich hat ihn das dramaturgische Potential dieses Einfalls zur Form des Bühnenstücks bewogen. Werkgeschichtlich ist die gedankliche, stellenweise auch die formale Nähe zu den Hörspielen »Der Prozeß um des Esels Schatten«, »Herkules und der Stall des Augias« und »Abendstunde im Spätherbst« unübersehbar. In allen vier Texten steht, mehr oder weniger komödiantisch gebrochen, die Kritik an der westlichen Gesellschaft im Vordergrund. Als gemeinsamer Entstehungshintergrund spielt die zweite Phase des Schweizer Wirtschaftswunders – die Jahre der »Hochkonjunktur« von 1952 bis 1958 – die entscheidende Rolle. Ähnlich wie »Die Panne« inszeniert »Der Besuch« den Einbruch des Unvorhergesehenen in eine scheinbar festgefügte Welt. Wie andere Autoren der Zeit (vgl. Frisch: »achtung: Die Schweiz« [1955]) verdichtet Dürrenmatt vor dem Hintergrund des wirtschaftlichen Aufschwungs seine Gesellschaftskritik, die zwischen radikaler Infragestellung der bestehenden Verhältnisse und resignativem Rückzug auf das Individuum, zwischen Anarchismus und Moralismus schwankt: »Der Schriftsteller kann seiner moralischen Aufgabe nur dann nachkommen, [. . .] wenn er Anarchist ist. Er muß angreifen, aber nicht engagiert sein. Der einzige Platz, der ihm zukommt, ist der zwischen Stuhl und Bank.« (E 7, Werkstattgespräche; 126).

In nahezu klassischer Formstrenge setzt Dürrenmatt seine »tragische Komödie« – eine Gattung, in die beinahe alle folgenden Bühnentexte fallen – ins Werk: Der erste Akt bringt eine Exposition in Form der Einführung des verarmten, am Rande des Wirtschaftsbooms dahinsiechenden Städtchens Güllen und seiner Bewohner, die die Ankunft der schwerreichen Claire Zachanassian (und mit ihr die mögliche Sanierung der Gemeinde) erwarten. Gegen Ende des ersten Akts, wenn die alte Dame ihr Angebot von einer »Milliarde« Kopfgeld für die Tötung ihres Jugendgeliebten Alfred Ill präsentiert, ergibt sich ein erster dramaturgischer Höhepunkt. Bis hierher ist der Zuschauer willig der komödiantischen Anlage gefolgt, die sich stellenweise auf groteske Verzeichnung (die Umgebung der Zachanassian) oder auf Wildersche Verkürzung und Abstraktion des skurrilen Geschehens (Liebesszene im Konradsweilerwald) verläßt. Die Ästhetik des Stückes zielt auf die langsame, trügerisch-harmlose Annäherung an den »Einfall«. So ist Grundvoraussetzung für die folgende tragische Entwicklung nicht nur der Zustand Güllens, die Anfechtbarkeit seiner Bewohner, sondern die schrittweise Demaskierung der Zachanassian als eine neue Variante des rächenden Gottes im Frühwerk, der für Dürrenmatt so zentralen Henkergestalt. Im Augenblick, wo sich der Zuschauer der vollen Tragweite dieser grausig-grotesken Wendung bewußt wird, setzt die innere Zwangsläufigkeit des Stückes ein, jener Moment seiner Intention, den der Autor als »tragisch« bezeichnet. So bringt Akt II in Form der fortschreitenden Korruption des Städtchens, das zunächst entrüstet das Angebot der Zachanassian von sich gewiesen hatte, die Durchführung und Zuspitzung zur Krise. Diese kündigt sich dann, nunmehr alles andere als komödiantisch, in Ills Ausruf an: »Ich bin verloren.« (A 1; 309) Der Schlußakt, der in der nur leicht kaschierten Tötung Ills kulminiert, enthüllt zweierlei: einmal die Ausgangsthese Dürrenmatts, daß alles, inklusive der »Gerechtigkeit«, käuflich sei, daß »Die Versuchung [. . .] zu groß, die Armut zu bitter [ist].« (Anmerkung zum »Besuch« A 1; 349) Gegenläufig zu dem Prozeß des moralischen Verkommens, wie ihn die Güllener vorführen, enthüllt er aber auch die Wandlung des »verschmierte[n] Krämer[s]« Ill, des schäbigen Zeitgenossen, zum mutigen Menschen, der – für Dürrenmatt – tragischen Figur: »[. . .] ein einfacher Mann, dem langsam etwas aufgeht, [. . .] etwas höchst Persönliches, der an sich die Gerechtigkeit erlebt, weil er seine Schuld erkennt [. . .] Sein Tod ist sinnvoll und sinnlos zugleich.« (ibid. 348)

Die Überzeugungskraft der Komödie, das hat man längst erkannt, liegt paradoxerweise in der Zwangsläufigkeit, die ihr zugrunde liegt, mit der sie die Wirklichkeit als fragwürdig entblößt. Denn, die Frage liegt nahe, warum flieht Ill nicht, warum gibt es keine Versöhnung, keine Rettung? Der Aufbau des Stückes läßt diese Alternativen nicht zu. Seine Wirkung – die sich szenisch im Kontrast und in ständiger Wechselwirkung des offen Bedrohlichen mit dem scheinbar Bieder-Gutgläubigen entfaltet – beruht auf der exakten Konvergenz der beiden Entwicklungslinien, die die Güllener am Ende materiell saniert, wenn auch moralisch zerstört, Ill als Opfer und zugleich als Sieger des Kräftespiels zurücklassen. Insofern und auf der Grundlage einer künstlerisch durchkonstruierten Struktur, die dem Zufall keinen, der Wahrscheinlichkeit nur einen bedingten Freiraum läßt, trifft die Eigeninterpretation des Autors »was Kunst ist, muß nun als Natur erscheinen« (ibid. 347) nicht zu. Sie belegt einmal mehr die Tatsache, daß Autoren selten ihre besten Interpreten sind.

Dürrenmatts Filmversion – wie schon die Bearbeitung Valencys für die Broadway-Inszenierung – macht deutlich, daß die Übertragung eines Texts in ein grundsätzlich anderes Medium bzw. seine Konfrontation mit grundsätzlich verschiedenen Publikumserwartungen selten ohne künstlerische Einbußen bleibt. Der äußerst erfolgreiche Film übernimmt zwar den Grundeinfall der Handlung, biegt ihn aber in ein läppisch-versöhnliches Ende um. Derart verdeutlichen beide Bearbeitungen, das Broadway-Stück wie die Hollywood-Produktion, »[. . .] den Prozeß der graduellen Entleerung der substanziellen Handlungsfunktion und der zunehmenden Stilisierung des Surrogats« (M. Knapp l. c. 64).

Die künstlerische Wirkung der Oper verläßt sich weit mehr auf prärationale als auf rationale Rezeptionsebenen, in den Worten von Einems: »Denn die Musik spricht, stärker als das Wort, das Unbewußte des Zuhörers an.« Das Libretto der Vertonung von Einems ist um etwa ein Drittel kürzer als die Bühnenfassung. Die Kürzungen betreffen vor allem den zweiten Akt, auch der Dialog Ills und des Lehrers zu Beginn des dritten Akts entfällt. Das Operngeschehen erhält so eine zwingende formale – nicht gedankliche – Finalität, der ein Teil der logischen und psychologischen Motivierung der Bühnenfassung zum Opfer fällt. Im ganzen fördert das Libretto die dem Stoff inhärenten »tragischen« Momente, seine antiempirische Kausalität, zu Ungunsten der komödiantischen Wirkung, die nun stark in den Hintergrund tritt. Ein exakter Vergleich beider Fassungen, der auch im Hinblick auf den Standortwechsel des Autors ertragreich sein dürfte, steht noch aus (Vorarbeiten hierzu: vgl. Briner l. c.).

Literatur:

Gordon Rogoff: Mr. Duerrenmatt [!] Buys New Shoes. In: TDR 3 (1958) 27–34.

Melvin W. Askew: Dürrenmatt's ›The Visit of the Old Lady‹. In: TDR 4 (1961) 89–105.

Ian C. Loram: ›Der Besuch der alten Dame‹ and ›The Visit‹. In: Monatshefte 53 (1961) 15–21.

Eugene E. Reed: Dürrenmatt's ›Besuch der alten Dame‹. A Study in the Grotesque. In: Monatshefte 53 (1961) 9–14.

Hans Romulus: Dürrenmatt ›Der Besuch der alten Dame‹. In: Thh 2 (3/ 1961) 36 f.

Hans P. Guth: Dürrenmatt's ›Visit‹. The Play behind the Play. In: Symposium 16 (1962) 94–102.

Paul Josef Breuer: Friedrich Dürrenmatt (›Der Besuch der alten Dame‹). In: Kurt Bräutigam (Hg.): Europäische Komödien. Frankfurt/M. 1964; 214–242.

Jenny C. Hortenbach: Biblical Echoes in Dürrenmatt's ›Der Besuch der alten Dame‹. In: Monatshefte 57 (1965) 145–161.

Kurt J. Fickert: Dürrenmatt's ›The Visit‹ and Job. In: Books Abroad 41 (1967) 389–392.

Charles R. Lefcourt: Dürrenmatt's Güllen and Twain's Hadleyburg. The Corruption of Two Towns. In: RLV 33 (1967) 303–308.

Ernst S. Dick: Dürrenmatts ›Der Besuch der alten Dame‹: Welttheater und Ritualspiel. In: ZfdPh 87 (1968) 498–509.

Eli Pfefferkorn: Dürrenmatt's Mass Play. In: MD 12 (1969/70) 30–37.

John E. Sandford: The Anonymous Characters in Dürrenmatt's ›Der Besuch der alten Dame‹. In: GLL 24 (1970/71) 335–345.

María Luisa Punte: La justicia en ›La visita de la anciana dama‹ de Friedrich Dürrenmatt. In: Boletín de Estudios Germanicos 9 (1972) 95–112.

Andres Briner: Zu Gottfried von Einems Dürrenmatt-Oper ›Der Besuch der alten Dame‹. In: Karl S. Weimar (Hg.): Views and Reviews. Festschrift für Adolf D. Klarmann. München 1974; 251–256.

Donald G. Daviau und *Harvey I. Dunkle:* Friedrich Dürrenmatt's ›Der Besuch der alten Dame‹. A Parable on Western Society in Transition. In: MLQ 35 (1974) 302–316.

E. Speidel: ›Aristotelian‹ and ›non-Aristotelian‹ Elements in Dürrenmatt's ›Der Besuch der alten Dame‹. In: GLL 28 (1974/75) 14–24.

Roman S. Struc: Sinn und Sinnlosigkeit des Opfers: Gotthelfs ›Die schwarze Spinne‹ und Dürrenmatts ›Der Besuch der alten Dame‹. In: Proceedings. Pacific Northwest Conference on Foreign Languages 25 (Corvallis, Oregon) (1974) 114–117.

Erna K. Neuse: Das Rhetorische in Dürrenmatts ›Der Besuch der alten Dame‹: Zur Funktion des Dialogs im Drama. In: Seminar 11 (1975) 225–241.

Karl Schmidt: Friedrich Dürrenmatt: Der Besuch der alten Dame. Erläuterungen und Dokumente. Stuttgart (= Reclams UB 8130) 1975.

Hugo Dittberner: Dürrenmatt, der Geschichtenerzähler. Ein 50-Dollar-Mißverständnis zum ›Besuch der alten Dame‹. In: I 2; 86–92.

Manfred Durzak: Die Travestie der Komödie in Dürrenmatts ›Der Besuch der alten Dame‹ und ›Die Physiker‹. In: DU 28 (1976) 86–96.

Mona Knapp: Die Verjüngung der alten Dame. Zur Initialrezeption Dürrenmatts in den Vereinigten Staaten. In: I 2; 58–66.

Michael Peter Loeffler: Friedrich Dürrenmatts ›Der Besuch der alten Dame‹ in New York. Ein Kapitel aus der Rezeptionsgeschichte der neueren Schweizer Dramatik. Basel 1976.

Günter Scholdt: ›Timeo Danaos et dona ferentes‹ oder Die alte Dame kommt aus Montevideo. Zur Dramaturgie Friedrich Dürrenmatts und Curt Goetz'. In: DVJs 50 (1976) 720–730.

Krishna Winston: The Old Lady's Day of Judgment: Notes on a Mysterious Relationship Between Friedrich Dürrenmatt and Ödön von Horváth. In: GR 51 (1976) 312–322.

Hans Wysling: Dramaturgische Probleme in Frischs ›Andorra‹ and Dürrenmatts ›Besuch der alten Dame‹. In: Akten des V. Internationalen Germanistenkongresses Cambridge 1975. Frankfurt (= Jahrbuch für Internationale Germanistik, Reihe A, 2) 1976; 425–431.

Ulrich Profitlich: Dürrenmatt. Der Besuch der alten Dame. In: Walter Hinck (Hg.): Die deutsche Komödie. Vom Mittelalter bis zur Gegenwart. Düsseldorf 1977; 324–341; 406–409.

Rodger Edward Wilson: The Devouring Mother: An Analysis of Dürrenmatt's *Der Besuch der alten Dame.* In: GR 52 (1977) 274–288.

6. »Frank der Fünfte«; zus. m. Paul Burkhard (1958; 1964)

Im Jahre 1958 entsteht aus der Zusammenarbeit mit dem Operettenkomponisten Paul Burkhard (* 1911) »Frank der Fünfte. Oper einer Privatbank«. Ursprünglich war eine Ode, im Auftrag der Zürcher Neues Schauspielhaus AG zur Feier von deren zwanzigjährigem Bestehen, geplant. Die Oper wird am 19. 3. 1959 unter der Regie von Oskar Wälterlin im Schauspielhaus Zürich uraufgeführt. Die Premiere ist ein Mißerfolg. Auch Inszenierungen in München und Frankfurt finden wenig Anklang. Die Druckfassung der Oper liegt 1960 vor; gegenüber dem Text der Uraufführung ist sie leicht revidiert. Anläßlich einer geplanten Neuinszenierung in Bochum, die aufgrund von Differenzen zwischen Autor und Intendant nicht zustande kommt, überarbeitet Dürrenmatt den Text gründlich. Die »Bochumer Fassung« von 1964 läßt den ursprünglichen Untertitel fallen und nennt sich statt dessen »eine Komödie«; sie wird ab 1965 in A 2 veröffentlicht und 1966 vom Autor als NDR-Fernsehbearbeitung inszeniert, die dann 1967 gesendet wird. Aufführungen in sozialistischen Ländern (u. a. in Polen und der Tschechoslowakei) werden mit Beifall und Anerkennung aufgenommen.

Die Ablehnung der westlichen Kritik läßt sich im wesentlichen auf zwei Gründe reduzieren: Einmal habe sich Dürrenmatt an Brechts »Dreigroschenoper« gemessen; sein Stück halte jedoch dem Vergleich nicht stand (Marianne Kesting). Zum anderen werden werkinterne Kriterien geltend gemacht, der Mangel an Handlung, die Dürftigkeit eines »fidelen Zynismus« (Bänziger). Der Autor selbst hat dreimal öffentlich Stellung zu diesen Urteilen bezogen und damit entscheidende Anhaltspunkte für die dem Text zugrunde liegende Intention geliefert: in einer »Standortbestimmung« (1960), den »Richtlinien der Regie« für die geplante Bochumer Inszenierung (1964) und in der Münchener Rede »An die Kritiker Franks des Fünften« (1963). Letztere ist das am wenigsten ergiebige Dokument. Die Rede läßt in ihrer Gereiztheit spätere Reaktionen des Autors auf Angriffe der Kritik vorausahnen. In der »Standortbestimmung«, die dem Entstehen der »Bochumer Fassung« vorausgeht, entwirft Dürrenmatt die Ansätze einer neuen Dramaturgie. Anstelle des »Denken[s] über die Welt« habe sich seine Dramaturgie zum »Denken von Welten« entwickelt (A 6; 184). Dürrenmatt sieht die Gefahr, mit einem »fingierten Modell« ins Leere zu stoßen, »sich im bloß Ästhetischen oder bloß Geistreichen zu verlieren« (ibid. 185). Er macht demgegenüber geltend, daß jede Fiktion in sich Realität zu enthalten habe, zumindest den Schlüssel zu ihrer Deutung, verwahrt sich indessen gegen die Aufgabe, diese Deutung »als Bühnenschriftsteller« zu liefern: »Der Wert eines Stückes liegt in seiner Problemträchtigkeit, nicht in seiner Eindeutigkeit.« (ibid. 188). In der Tat wird man dem stark von der »Dreigroschenoper« und von Shakespeares »Titus Andronicus« beeinflußten Text nicht die »Problemträchtigkeit« absprechen können. An der Geschichte einer Gangsterbank, deren Chef den Weg zur Ehrbarkeit einschlagen möchte, dabei beseitigt und durch seinen Sohn Frank VI. (vormals Herbert) abgelöst wird, läßt sich das Modell einer Welt ableiten, in der Kapital und Menschlichkeit unvereinbar sind. (So und ähnlich wurde das Stück von Kritikern sozialistischer Staaten gedeutet.) Diese Sicht erschließt sich dem Zuschauer allerdings keineswegs mühelos. Die (in der »Bochumer Fassung«) 14 Szenen des Stückes lassen jene gradlinige Zielstrebigkeit, wie sie der Gattung Oper eignet, vermissen. Ein Zuviel an Nebenhandlung, an komödiantischer Verzeichnung und Überzeichnung wirkt der lehrhaften Anlage beständig entgegen. Eben jene kontextuale und szenische Einbettung der Einzelaussage, auf die Dürrenmatt in seiner Münchener Rede pocht, ist im Spielverlauf nicht genügend gesichert. Hinzu kommt die Diskrepanz von Musik und Text: die 22 Nummern der Partitur Burkhards, deren teils reißerischer, teils schmalziger Tonfall das Geschehen ironisch unterstreichen soll, werden dem Nachdruck von Dürrenmatts Aussage nicht gerecht.

Am Ende des Stückes ergibt sich eine durchaus »lehrhafte« Wirkung: Bank und Staat arrangieren sich, unter veränderten Vorzeichen und ohne »Gaunerein« bleibt alles grundsätzlich beim alten. Anders ausgedrückt: »Bürger sind eigentlich Gangster.« (H. Mayer I 5; 27). Gedanklich wird diese Lösung indessen durch nichts vorbereitet. Hier stehen sich der zynisch-komödiantische Ausklang und der Beweis der »[. . .] Unmöglichkeit der Freiheit innerhalb einer Verbrecherdemokratie« (A 6; 350), den das Stück antreten will, unversöhnlich gegenüber. Ästhetik des Textes und Dialektik der Oper ziehen wohl am gleichen Strick, allerdings in verschiedene Richtungen.

Wenn »Frank der Fünfte« in gewisser Weise als gedankliche Weiterführung des »Besuchs« angesehen werden kann – wie sein Vorläufer, nur viel eindeutiger noch, enthüllt der Text die ökonomischen Grundstrukturen kapitalistischer Gesellschaftssysteme –, so spitzt sich hier die Widersprüchlichkeit seiner Argumentation noch weiter zu. Wirtschaftliche Zwangsläufigkeit und das nicht programmierbare Regulativ des Zufalls, dem jene untersteht, müssen das Zustandekommen einer einheitlichen, nachprüfbaren Aussage blockieren. Darin liegt der einschneidende Unterschied zur »Dreigroschenoper«, deren Lehre »Frank der Fünfte«, wenn auch aus anderem Blickpunkt, bestätigt. Dürrenmatt wird, das zeigt die

Betrachtung seiner folgenden Komödie, die Ansätze dieser neuen Dramaturgie, wie sie Eingang in die Oper fanden, nicht direkt weiterverfolgen. Das Modell der »Physiker« stellt im Gegensatz zu »Frank der Fünfte« keine Mischform von Fiktion und direkter Ableitung gesellschaftlicher bzw. ökonomischer Verhältnisse auf die Bühne; es kann nur als totaler Gegenentwurf zur Wirklichkeit gedeutet werden. Die hier im Ansatz erprobte Dramaturgie geht erst später in der »kritischen Dramaturgie« der späten sechziger und siebziger Jahre auf. Gerade aber am Experiment der Oper zeigt sich bereits ihre inhärente Schwäche, ihr Verharren auf der Position der fünfziger Jahre. Denn *glaubhaft* beizukommen ist ökonomischen und politischen Prozessen nicht durch die Ersatzmetaphysik des Zufalls. Im Gegenteil, innerhalb des Texts muß der Kontrast, der in der Verklammerung gegensätzlicher Bereiche entsteht, eine weiterführende Einsicht in jene Prozesse blockieren.

Zu beachten ist in diesem Zusammenhang auch die 1966 entstandene »Skizze zu einem nicht ausgeführten Kolossalgemälde« *Letzte Generalversammlung der Eidgenössischen Bankanstalt* (F 56), in der sich die Bankiers entweder durch Erhängen oder durch Erschießen selbst töten – bei einer üppigen Henkersmahlzeit, versteht sich. Auch im Bild wird so der Entwurf des sich *von innen* selbst zerstörenden Kapitals entworfen, wobei wohl abermals der Zufall jenem die Hand führt. Ein Zusammenspiel grundsätzlich anderer geschichtlicher Kräfte – etwa in Form von Intelligenz und Proletariat –, das Brecht viel früher propagierte, scheidet für Dürrenmatt aus.

7. »Die Physiker« (1961)

Die 1961 entstandene »Komödie in zwei Akten« wird nach dem »Besuch« zum zweiten großen Welterfolg Dürrenmatts. Am 20. 2. 1962 findet unter der Regie von Kurt Horwitz im Schauspielhaus Zürich die Uraufführung statt. Sie wird zum Theatererfolg der Saison. Die Rolle der Mathilde von Zahnd übernimmt Therese Giehse, der das Stück in der Druckausgabe des gleichen Jahres gewidmet ist. Der Autor selbst betrachtete die Züricher Inszenierung als derart beispielhaft, daß er sie den Bühnenanweisungen der Druckfassung zugrunde legte und sie damit gleichsam dokumentierte. Es folgen, nach der deutschen Erstaufführung in München (29. 9. 1962), Inszenierungen an fast allen größeren und den meisten kleineren Bühnen des deutschen Sprachraums; eine erfolgreiche Londoner Inszenierung (9. 1. 1963) unter der Regie von Peter Brook; eine gefeierte Broadway-Inszenierung des Folgejahres, die den Siegeszug des Stückes in Ost und West einleitet. 1964 wird der Text als Fernsehspiel bearbeitet (Regie: Fritz Umgelter); noch bis in die siebziger Jahre hat er sich auf dem Repertoire vieler Bühnen gehalten. Eine Neufassung des Texts durch den Autor ist für die Gesamtausgabe 1981 angekündigt.

Werkgeschichtlich geht der Komödie ein Kabarett-Sketch (»Der Erfinder« [1950]) voraus, den Dürrenmatt für das ›Cornichon‹ verfaßt hatte. Hierin setzt er sich spielerisch-satirisch mit der Atombombe auseinander – die als Symbol der ständigen totalen Bedrohung der Menschheit durch die Technik an entscheidender Stelle auch Eingang in die »Theaterprobleme« findet – und läßt den Erfinder der Bombe diese dadurch ›entschärfen‹, daß er sie im Dekolleté einer Dame verschwinden läßt. Natürlich ist ihm dabei bewußt, daß eine Sicherung des Weltfriedens so nur auf der Kabarettbühne zu erreichen ist. Wichtiger für den Entstehungshintergrund der »Physiker« ist einmal die weltpolitische Lage im Gefolge des Koreakriegs, das immer gespanntere Verhältnis der Supermächte, das in der Kubakrise gipfelt, der Mauerbau in Berlin, ein hektisches Wettrüsten auf beiden Seiten, das die nukleare Konfrontation unausweichlich erscheinen läßt. Zum anderen leitet die öffentliche Diskussion des Buchs »Heller als tausend Sonnen« von Robert Jungk, das Dürrenmatt in der ›Weltwoche‹ vom 7. 12. 1956 rezensiert, eine gedankliche Auseinandersetzung mit der Physik ein, die sich zunächst in der Komödie niederschlägt, dann aber bis weit in die neueren Arbeiten hineinwirkt (vgl. etwa den Vortrag »Albert Einstein«, S. 106). Sind im populärwissenschaftlichen Werk Jungks wesentliche Grundgedanken der »Physiker« vorweggenommen, so reiht sich die Komödie andererseits in eine literarische Tradition von Stücken ein, die ähnliche Themen bearbeiten. Am Anfang steht Brechts »Galileo Galilei« bzw. »Leben des Galilei« (1938/39; 1945/46; 1955), in dem die Frage der Verantwortung des Wissenschaftlers gegenüber der Gesellschaft unter jeweils verschiedener Akzentsetzung durchdacht wird. Besonders die letzte Fassung insistiert auf der Pflicht auch des einzelnen gegenüber dem Kollektiv, seine Forschungen sinnvoll, d. h. zum Wohl aller zu verwerten. Dies ist die Bearbeitung, die Dürrenmatt bekannt war, und die die Entstehung seines »Physiker«-Stückes maßgeblich bestimmt. In seiner Rede anläßlich der Verleihung des Schillerpreises im Nationaltheater Mannheim (9. 11. 1959) hatte sich der Autor folglich viel weniger mit Schiller selbst als mit Brecht auseinandergesetzt – eine Auseinandersetzung, die als Erweiterung seiner Bühnentheorie und als deren zusätzliche *politische* Explikation zu verstehen ist. Gegenüber dem »Glaubenssatz der Revolutionäre«, die Welt sei vom Menschen zu verändern, der sich historisch »außer Kurs« gesetzt habe, stellt Dürrenmatt den

Befund einer gesellschaftlichen Inkohärenz, der Unstimmigkeit des Ganzen und der Teile, die nur zu überwinden sei in der »[. . .] Ahnung einer großen Befreiung, von neuen Möglichkeiten, davon, daß nun die Zeit gekommen sei, entschlossen und tapfer das Seine zu tun« (A 6; 228). Wenig später enthüllt er dann den resignativen Kern seiner Geschichtskonzeption: Freiheit existiere zwar als »Grundbedingung des Menschen« immer, aber »sie manifestiert sich nur in der Kunst rein, das Leben kennt keine Freiheit« (ibid. 229).

Als bekannt vorauszusetzen ist ebenfalls Zuckmayers Physikerdrama »Das kalte Licht« (1955) – Dürrenmatt hatte früher schon den »Fröhlichen Weinberg« polemisch den ewig-gestrigen Bühnenstücken zugewiesen (›Die Weltwoche‹ 9. 5. 1952) –, das die »Denk- und Glaubenskrise der Gegenwart« problematisieren will und sie letzten Endes in der Banalität versanden läßt. Das dort breit angelegte Motiv des Verrats aus Liebe wird Dürrenmatt persiflieren: insofern ist seine wahnsinnige Irrenärztin auch die ironische Gegenkonzeption zu Zuckmayers Hjördis Lundborg. Auch der ›Bund der Schwachen‹ aus Hans Henny Jahnns Atomstück »Der staubige Regenbogen« (anderer Titel: »Die Trümmer des Gewissens«), das am 17. 3. 1961 in Frankfurt/M. uraufgeführt wurde, dürfte ironisch in den Dreierbund der Physiker am Ende von Dürrenmatts Komödie Eingang gefunden haben.

In formaler Hinsicht ist die Komödie eine der klarsten Kompositionen Dürrenmatts. Die aristotelischen Einheiten bleiben streng beachtet, nun aber in ironisch verkehrter Wirkungsabsicht: »[. . .] einer Handlung, die unter Verrückten spielt, kommt nur die klassische Form bei.« (A 2; 288) Die Wirkung des Texts beruht, im Gegensatz zur herkömmlichen Komödie, auf dem Umstand, daß der Zuschauer nicht, das handelnde Personal selbst nur teilweise in die Vorgänge eingeweiht ist. Eine Serie von »Einfällen« – hier die vielleicht orthodoxeste Realisierung der Komödientheorie – führt von dem komödiantisch-kriminalistischen ersten Akt zur radikalen Enthüllung im zweiten. Groteske Zuspitzungen ergeben sich in I/5, wenn der Physiker Möbius die ihn liebende Krankenschwester Monika scheinbar unmotiviert tötet; in II/3, wenn sich seine Physikerkollegen als Spione der feindlichen Großmächte zu erkennen geben; schließlich in II/4, wenn die Chefärztin verkündet, sie habe eben jene Erfindung, die Möbius im Irrenhaus verstecken wollte, ihrem mächtigen »Trust« übergeben, der nun die Weltherrschaft zu übernehmen bereit sei. Das planmäßige Handeln Möbius' erweist sich so als Fehlschluß, der von der Wirklichkeit längst überrollt ist. Die Ästhetik des Stückes arbeitet, indem sie den Zuschauer wie den Protagonisten – im Schlußteil sogar alle drei Physiker – mehrfach düpiert, Hand in Hand mit seiner Dialektik.

Im Rahmen der aristotelischen Bühne, die ja Schauplatz der äußersten Selbstverwirklichung des *Individuellen* ist, wird der Freiraum des Individuums systematisch als Illusion denunziert, jede Handlungsfähigkeit des einzelnen durch die anachronistische Spielkonzeption um so schärfer als Anachronismus bloßgestellt. Als tragischer Rest, der sich *außerhalb* des Spiels ansiedelt, bleibt die Konsequenz für die gesamte Menschheit. (Vgl. die als Deutungsansatz dem Text nachgestellten »21 Punkte zu den Physikern«, A 2; 353 ff.)

Mit »Die Physiker« stößt die Komödie Dürrenmatts über die Repräsentation gesellschaftlicher Zustände vermittels der bewußten Illusionsdurchbrechung der früheren Stücke oder der Mischform des »Besuchs« und der Oper, die die gesellschaftliche Wirklichkeit durch das Bühnenmodell direkt durchscheinen läßt, endgültig zu einer sehr spezifischen Art des modernen »Welttheaters« vor. Damit vollzieht sie den entscheidenden Schritt zum von der Realität abgelösten *antizipatorischen Modell*, das sich – im Gegensatz noch zu den unmittelbaren Vorläufern – nun als Ganzes im ästhetischen Raum, d. h. auf der Bühne ansiedelt und nicht mehr partiell ableitbar ist. Insofern sind auch die »Unstimmigkeiten und Brüche« (Durzak), die die logische Entwicklung der »Physiker« im Detail aufweisen mag, innerhalb des künstlerischen Modells, das keine empirische Wirklichkeit mehr berücksichtigen *will*, im freien Spielraum der Bühne nicht nur zulässig, sondern legitim. Ist einmal der Verzicht auf das Illusionstheater total – und erst in den »Physikern« hat Dürrenmatt vollends und unwiderruflich darauf verzichtet –, so verbietet sich jede Deutung herkömmlicher Art in Form der Frage, welches Einzelelement des Textes welchem Sachverhalt in der Realität zuzuordnen sei. Folglich kann das »Physiker«-Modell nur in seiner Gesamtheit, und das heißt als *Gegen*entwurf zur Wirklichkeit gedeutet werden. Mit einiger Einschränkung betrifft diese Feststellung die folgenden Stücke der zweiten Schaffensphase mit Ausnahme der Bühnenfassung des »Herkules«. Auch im »Porträt eines Planeten« wird Dürrenmatt teilweise an der Technik des Gegenentwurfs zur Realität festhalten, und Spuren seines Theaters der Antizipation bleiben bis in die Texte der siebziger Jahre wirksam.

Die Frage, ob »Die Physiker« als »Zurücknahme« (H. Mayer) von Brechts »Galilei« zu deuten sind, ist umstritten. Zu berücksichtigen sind einmal die gewandelten Entstehungsbedingungen, dann auch die teilweise ähnliche Argumentation beider Stücke. Denn wie vor ihm Brecht zeigt Dürrenmatt auch, daß der einzelne weder die Fähigkeit noch die Kraft besitzt, über Wohl und Wehe des Ganzen zu entscheiden. Und wie jener weist er darauf hin, daß die Verantwortung für Erkenntnisse der Wissenschaft in die Hände aller gehört (Punkte 16 und 18 der »21 Punkte«). Schließlich wollen beide Zentralfiguren, Galilei und Möbius, keineswegs als Identifikationsangebot verstanden werden; dadurch würde die jeweilige Stoßrichtung der Stücke abgebogen. Wo Brecht aber auf die Emanzipation der Kollektive gegenüber der Wissenschaft pocht, läuft Dürrenmatt doch Gefahr, »ins Leere zu stoßen«, wenn er die gedankliche Konfrontation der *ganzen* Menschheit mit den möglichen Folgen der Kernphysik ins Werk setzen will. Die Konsequenz seines Stückes – die Resignation angesichts des vorgeführten fait accompli – ist zwingend demonstriert, fast zu überzeugend, um gedankliche Alternativen noch zu provozieren. Jene Emanzipation der kleinen Schritte, wie Brecht sie propagiert, hat eine von Chaos und Zufall regierte und das heißt letztlich unprogrammierbare historische Entwicklung längst ad absurdum geführt.

Literatur:

Walter Muschg: Dürrenmatt und die Physiker. In: Moderna Sprak 56 (1962) 280–283.

Ernst Wendt: Mit dem Irrsinn leben? Anläßlich mehrerer Aufführungen von Dürrenmatts ›Physikern‹. In: Thh 3 (12/1962) 11–15.

Ernst Schumacher: Dramatik aus der Schweiz. Zu Max Frischs ›Andorra‹ und Friedrich Dürrenmatts ›Die Physiker‹. In: Theater der Zeit 17 (5/1962) 63–71.

Uwe von Massberg: Der gespaltene Mensch. Vergleichende Interpretation der Physiker-Dramen von Brecht, Dürrenmatt, Zuckmayer und Kipphardt auf der Oberstufe. In: DU 17 (6/1965) 56–74.

Karl S. Weimar: The Scientist and Society. A Study on Three Modern Plays. In: MLQ 27 (1966) 431–448.

Tja Huan Kim: Paradoxie als Komik und Ernst in der Komödie ›Die Physiker‹. In: ZfG 6 (1967) 87–98.

Klaus Dietrich Petersen: Friedrich Dürrenmatts ›Physiker‹-Komödie. Eine Interpretation für den Deutsch-Unterricht. In: Die pädagogische Provinz 5 (1967) 289–302.

Aya Otsuka: Über Dürrenmatts ›Die Physiker‹ [Jap. m. dt. Zusf.]. In: Aspekt 2 (1968) 25–38.

Beth Emily Mavelty: Three Phases of Comedy. A Study on the Archetypal Patterns in Leonce und Lena, Der zerbrochene Krug and Die Physiker. Univ. of Oregon (= Phil. Diss.) 1969.

Kurt J. Fickert: The Curtain Speech in Dürrenmatt's ›The Physicists‹. In: MD 13 (1970) 40–46.

Hans Kügler: Dichtung und Naturwissenschaft. Einige Reflexionen zum Rollenspiel des Naturwissenschaftlers [. . .] In: H. K.: Weg und Weglosigkeit. 9 Essays zur Geschichte der deutschen Literatur im 20. Jahrhundert. Heidenheim 1970; 209–235.

Herbert Lehnert: Fiktionale Struktur und physikalische Realität in Dürrenmatts ›Die Physiker‹. In: Sprachkunst 1 (1970) 318–330.

Brian O. Murdoch: Dürrenmatt's ›Physicists‹ and the Tragic Tradition. In: MD 13 (1970) 270–275.

Michael Morley: Dürrenmatt's Dialogue with Brecht. A Thematic Analysis of ›Die Physiker‹. In: MD 14 (1971/72) 232–242.

Peter C. Plett: Dokumente zu Friedrich Dürrenmatt ›Die Physiker‹. Stuttgart (= Arbeitsmaterialien Deutsch) 1972.

Rémy Charbon: Die Naturwissenschaften im modernen deutschen Drama. Zürich (= Zürcher Beiträge zur dt. Literatur- und Geistesgeschichte 41) 1974.

Manfred Durzak: Die Travestie der Tragödie in Dürrenmatts ›Der Besuch der alten Dame‹ und ›Die Physiker‹. In: DU 28 (1976) 86–96.

Neville E. Alexander: Friedrich Dürrenmatt: ›Die Physiker‹. Die Verantwortung des Forschers. In: Heinrich Pfeiffer (Hg.): Denken und Umdenken. München 1977; 176–193.

Gerhard P. Knapp: Friedrich Dürrenmatt: Die Physiker. Frankfurt/M. (= Gedanken und Grundlagen zum Verständnis des Dramas 6079) 1979; ²1980.

8. »Herkules und der Stall des Augias« (1962)

Die 1962 entstandene Bühnenfassung des Hörspiels (vgl. S. 64 f.) wird mit dem Untertitel »Ein Festspiel« am 20. 3. 1963 im Schauspielhaus Zürich unter der Regie von Leonard Steckel uraufgeführt. Die Premiere wird, ebenso wie die wenigen folgenden Aufführungen, zum Mißerfolg. Die vom Autor illustrierte Druckfassung mit dem Untertitel »Eine Komödie« liegt im gleichen Jahr vor.

Gegenüber der Hörspielfassung arbeitet Dürrenmatt in der Bühnenadaption auf stark bildhafte, plakative Effekte hin. Der Uraufführungstext gliedert sich in fünfzehn Szenen, in der Druckfassung folgt noch ein »Chor der Parlamentarier«. Der Handlungsaufbau ist grundsätzlich unverändert, mit Ausnahme des Schlusses: Im Bühnenstück bleibt Phyleus nach der Mistverwandlung nicht in Elis; er verfolgt Herkules mit dem Schwert und hofft ihn zu töten, da dieser – wie im Funkspiel – Dejaneira entführt hat. Dieser letztlich nicht plausible Schluß dürfte entscheidend zum Mißerfolg der Theaterversion beigetragen haben.

Ästhetisch steht »Herkules und der Stall des Augias« in unmittelbarer Nähe von »Frank der Fünfte«. Auch hier arbeitet der Autor vielfach mit den Mitteln des epischen Theaters, ohne jedoch eine über den unmittelbaren Anlaß des Spiels hinausgehende Lehre anzustreben. Und wie dort verwendet er eine Mischform aus gesellschaftlicher Ableitung und modellhafter Darstellung. Dürrenmatts Gesellschaftskritik richtet sich, nur wenig kaschiert, gegen die Schweizer Verhältnisse und die bürokratische Verfilzung, die das Land außer Stand setzt, mit dem »Mist« fertig zu werden. Als Modell dient der mythologische Stoff, der zugleich, wie im Funkspiel, entmythisierende Funktion besitzt. Herkules, der Held des »Festspiels«, soll in gewisser Weise als Anti-Tell verstanden werden; seine Karikierung möchte stellvertretend den Nationalhelden entthronen. Stark kabarettistische Züge wie deutliche Anleihen an Stummfilm- bzw. Slapstick-Humor dienen hier, wie in »Frank der Fünfte« die Opernanlage, der zusätzlichen Verfremdung des Gegenstandes.

Man hat auf die Inhomogenität der Komödie hingewiesen. Tatsächlich – und dies ist eine weitere Entsprechung zu »Frank der Fünfte« – bewirkt der Mangel an Geschlossenheit der jeweiligen Szenen weniger einen ›offenen‹ Effekt als den beständigen Leerlauf der verschiedenen Wirkungsebenen, ob dies nun die »an sich wahrhaft poetischen Stellen« (Bänziger K 1; 199) betrifft oder die intendierte Gesellschaftskritik. Die epische Anlage des Ganzen wirkt eher befremdend als erklärend, da sie allein szenische Funktion besitzt und nicht etwa einer gedanklichen Dialektik als stützende Form dient. Dies zeigt sich besonders deutlich im Schlußchor, der bereits inhaltlich dem gerade vorausgegangenen Gnadenakt der Mistverwandlung zuwiderläuft. Hier wird verkündet: »Der Schutt in Herzen und Gassen / Er säubert von selber sich nie [. . .]« (A 2; 429). Auch der Appell an die Politiker, der das Stück beschließt, wird nicht recht einsichtig: »Drum hurt euch nicht durch die Zeiten / Und tut, was ihr tun müßt, noch bald / Sonst wird der Tag euch entgleiten / Die Nacht ist dunkel und kalt« (ibid.). Die Anspielung auf Brecht ist, deutlicher noch als in der Oper, rein ästhetisch. Denn der Text bleibt die Erklärung dessen, was er mit der Mistmetapher bezeichnen will, ebenso schuldig wie jede Anweisung, die sich in gesellschaftliche Praxis umsetzen ließe. Werkgeschichtlich betrachtet, erreicht hier die zweite Auseinandersetzung Dürrenmatts mit dem Theater Brechts ihren Endpunkt in Form einer mißglückten Komödie, die weder Lehrstück noch »Modell« ist und die deutlich hinter die Konzeption der »Physiker« zurückfällt.

Literatur:

Sevilla Baer-Raducanu: Sinn und Bedeutung der Wiederaufnahme der antiken Thematik in Dürrenmatts: ›Herkules und der Stall des Augias‹. In: Analele Universitatii Bucurestii Filologie 14 (1965) 185–197.

9. »Der Meteor« (1964/65)

Vier Jahre nach dem Welterfolg der »Physiker« bringt Dürrenmatt wieder ein neues Stück zur Uraufführung: »Der Meteor. Eine Komödie in zwei Akten.« Es war, mit größeren Arbeitsunterbrechungen, in den Jahren 1964 und 1965 konzipiert worden. Der Autor hatte sich, unter dem Eindruck seiner Reise in die UdSSR im Frühsommer 1964, vorübergehend mit einem Prosatext befaßt, der erst 1971 unter dem Titel »Der Sturz« erscheint. Am 20. 1. 1966 findet im Schauspielhaus Zürich unter der Regie von Leopold Lindtberg die erfolgreiche Premiere des »Meteor« statt. Dem Darsteller des Schwitter, Leonard Steckel, ist die im gleichen Jahr veröffentlichte Druckfassung gewidmet. Von den Proben existiert eine Gouache Dürrenmatts (F 1; 40), die *Steckel als ›Meteor‹* zeigt. Erfolgreiche Aufführungen in Hamburg (9. 2. 1966) und München (12. 2. 1966) folgen, kurz darauf geht das Stück auch über die wichtigsten Bühnen des Auslands. Eine Fernsehbearbeitung entsteht 1968. Der Autor läßt den Text der Uraufführung bis zu seiner eigenen Wiener Inszenierung im November 1978 unangetastet. Erst dann ändert er den Schluß dahingehend, daß Schwitter den Heilsarmeemajor Friedli nicht – wie in der Originalfassung – vergebens um den Gnadenstoß bittet, sondern ihn ermordet. Am Ende läuft er von der Bühne, unsterblich und unwiderruflich zum Dasein verurteilt.

Die Ursprünge des »Meteor« reichen werkgeschichtlich weit zurück. So stellt der Nobelpreisträger Schwitter der Komödie ein Pendant zum Nobelpreisträger Korbes des Funkspiels »Abendstunde im Spätherbst« (1956) dar. Beide sind nicht dem Gesetz der Sterblichkeit unterworfen, sind Produkte einer Ästhetik der Massenware. Der Unterschied liegt darin, daß Schwitter an seinem Zustand leidet, während Korbes ihn in vollen Zügen genießt. Dramaturgische Zentralfunktion besitzt im »Meteor« das Wunder der Auferstehung. Mit der bühnentechnischen Realisierung des »Wunders« beschäftigt sich Dürrenmatt bereits 1959, anläßlich einiger Notizen zu einer damals ungedruckten Rezension des Films »Das Wunder des Malachias«. Als »Chance« und zugleich »Gefahr« des Films bezeichnet er die Tatsache, daß dieser sein »Wunder« in eine »nicht naive Welt« plaziert: »Es darf nicht nur ›poetisch‹, sondern muß auch ›logisch‹ stimmen, in sich logisch sein.« (A 6; 283) Im gleichen Zusammenhang behandelt er die Frage, wie ein solches Wunder dramaturgisch rückgängig zu machen sei. Als frühe gedankliche Vorstufe des »Meteor« sind diese Notizen zweifellos von Bedeutung. Auch der Hinweis, daß die meteoritenhafte Laufbahn Bockelsons eine Präfiguration der Komödie darstellt (Bänziger), trägt ebenso zur werkgeschichtlichen Erhellung bei wie eine Konzentration auf das Motiv des Totentanzes Strindbergscher Prägung, das erstmals im »Mississippi«, wiederum im »Meteor« und dann, in zentraler Funktion, in

»Play Strindberg« Verwendung findet. Einer bühnentechnischen Verwirklichung der Auferstehung stand in den früheren Stücken vor allem deren punktuelle Bindung an die empirische Wirklichkeit im Wege, eine Brücke, die der Autor erst in der Physiker-Komödie vollständig abgebrochen hat. Daß der Auferstehungsmythos Dürrenmatt weiterhin beschäftigte, zeigt auch seine Federzeichnung *Auferstehung* aus dem Jahre 1978, in der er jenen als Aufhebung der Schwerkraft darstellt: Eine mit Bändern verhüllte, kokonartige Mumie schießt aus der Gruft dem All entgegen.

In den »Zwanzig Punkten zum Meteor« gibt der Autor dem Stück, ähnlich wie in den »Physikern«, eine nachträgliche Episierung, neutraler ausgedrückt: die eigene Deutung bei. Hier zeigt sich, im Gegensatz zum früheren Stück, ein bedenklicher Hang zum Aperçu, der zu Formulierungen wie der folgenden führt: »Eine Kritik ist ohne Analyse unmöglich.« (A 7; 156) Diesem Gemeinplatz folgt dann die Anweisung an die Kritik, sich allein mit dem »Resultat«, dem Dargestellten zu befassen, nicht aber mit der Intention des Autors. Dürrenmatt beruft sich (Punkt 4) ausdrücklich auf die »Idee« eines Stückes. Er fällt damit hinter die »Theaterprobleme« zurück, wo er den freien, antiidealistischen Spielcharakter von Bühnentexten betonte, stellt diese Revision aber wiederum in Frage, wenn er das Stück (in Punkt 20) als »die Umwandlung einer Idee ins absolut Spontane« bezeichnet. Als Verständnishilfe der Komödie leisten die »20 Punkte« wenig, eher erhöhen sie die Verwirrung, die bislang für die Rezeption des Texts charakteristisch ist.

Zu Recht ist »Der Meteor« als Ausdruck einer künstlerischen Krisenlage gedeutet worden (Kesting M 38; 273). Seine Entstehung fällt zusammen mit dem Siegeszug der neuen Gattung des Dokumentartheaters, wie es die Stücke von Weiss, Hochhuth und Kipphardt vertreten. Dürrenmatt dagegen – der Schwitters Sohn Jochen direkt auf die dokumentarische, engagierte Bühne anspielen läßt (»Die Welt will harte Tatsachen, keine erfundenen Geschichten. Dokumente, keine Legenden. Belehrung, nicht Unterhaltung. Der Schriftsteller engagiert sich oder wird überflüssig.« [A 3; 73]) – hält an der Ästhetik der »Physiker« fest. Tatsächlich könnte die Struktur des »Meteor« als Pendant zu der des früheren Stückes gelten. Im vorgegebenen Rahmen der aristotelischen Einheiten, die in der Wirklichkeit des Spiels dann allerdings aufgehoben und durch eine Suspendierung von Raum und Zeit ersetzt werden, und vermittels strenger struktureller Zweiteilung setzt der Autor seine Ereignis-Dramaturgie ins Werk. Schwitter, der abgelebte Literat, der zu Beginn des Stückes von den Toten aufersteht und das

Publikum mit diesem Einfall ein weiteres Mal – zu Beginn des zweiten Aktes – überrascht, fungiert hier im Sinne der mittelalterlichen Allegorie des Meteors, dessen Auftreten ein ungewöhnliches Ereignis begleitet bzw. vorankündigt. Die Nebenfiguren des Stükkes, der Maler Nyffenschwander (der im Gegensatz zu Schwitter noch an seine Kunst glaubt), seine Frau Auguste, willenloses Sexualobjekt, der Pfarrer, der Unternehmer, zusammen mit dem Mediziner Repräsentanten des organisierten Betrugs, Schwitters Sohn – als einziger mutig genug, Schwitter zum Sterben zu drängen, allerdings nur aus Gewinnsucht –, der Verleger, die gleichermaßen gewinnbesessene Abortfrau Nomsen und schließlich, in parodistischer Karikierung der organisierten Religion, die Heilsarmee repräsentieren ein buntes, wenn auch keineswegs komplettes Panorama der umgebenden Gesellschaft, die an das Stationentechnik expressionistischer Stücke erinnert. Nur daß der Protagonist hier die anderen Revue passieren läßt und sie nach und nach der Untauglichkeit ihres Daseins überführt. Auch im »Meteor« ist die empirische Realität vollständig im Gegenentwurf des Spiels aufgehoben, und so scheint es müßig – eine Frage, die die Interpreten intensiv beschäftigt hat – darüber zu spekulieren, ob Schwitter nun tot oder scheintot ist, ob seine Auferstehung als Blasphemie aufzufassen sei. Im Kontext der *Spiel*wirklichkeit ist Schwitter tot und erfährt eine – ihm selbst durchaus unerwünschte und nicht einsehbare – Auferstehung. Diese kann man sicher als Verlängerung seines Lebens »aus zweiter Hand«, der Existenz des Literaten, die sich auf Reproduktion des Wirklichen gründet, deuten – eines Lebens, das derart ›vermittelt‹ war, daß ihm ein ›echter‹ Tod nun nicht mehr möglich ist.

Zentrum des Stückes ist indessen nicht Schwitter, auch nicht die anderen Figuren, die er zerbricht oder dem Chaos preisgibt, sondern die ästhetisch durchgespielte Kollision des *verabsolutierten* Zufalls mit einer Weltordnung, die vom *begrenzten* Zufall regiert wird. Das unprogrammierbare Ereignis, das in den »Physikern« durch seine dialektische Funktion ästhetisch motiviert war, wird somit zur Dialektik selbst und bestimmt rücksichtslos die Ästhetik des Stückes. Schwitter, der den Zufall in seiner Totalität verkörpert, ist – wie Korbes in der »Abendstunde« – Produkt der Vermarktung von Kunst in der westlichen Zivilisation, er hat sich aber, im Gegensatz zu jenem wie zu den Nebenfiguren des Stückes, verselbständigt und ist zum Naturereignis, zur kosmischen Katastrophe geworden, die jeder Empirie – auch der einzig wahren Welt der Frau Nomsen, »[. . .] die nicht nur Abortfrau ist, sondern auch Kupplerin [. . .]« (A 7; 62) – ins Gesicht schlägt. Der unsterbliche

Schwitter verkörpert so, viel deutlicher noch als der Totalausverkauf der Ideologien im »Mississippi« und vergleichbar dem von Dürrenmatt im Bild festgehaltenen *Weltstier* (F 1; 88), «[. . .] das Sinnbild des amoklaufenden Ungeheuers, das wir ›Weltgeschichte‹ nennen« (ibid. »Persönliche Anmerkung«). Im ästhetischen Spielraum einer letzten Verabsolutierung des Zufälligen, dem gegenüber sogar das »Wunder« zur Platitüde, zum beliebig wiederholbaren dramaturgischen Gag wird, offenbart sich nicht nur der nunmehr absolute Geschichtspessimismus des Autors, gepaart mit der Demaskierung der Gesellschaft, sondern auch ein durch die Ästhetik des Stückes bestätigter offenkundiger Vertrauensverlust in die Möglichkeiten des Theaters, genauer der Komödie, mehr als das zu leisten, was Jochen Schwitter anprangert: Unterhaltung. Insofern trifft es zu, im »Meteor« nicht nur die Umrisse künstlerischer Selbstkritik (Durzak) – die aus einer Krise des Autors resultiert – zu erkennen, sondern den Text als künstlerische Kritik an der künstlerischen Form selbst zu lesen, einer Form, die hier, noch mehr als in »Die Physiker«, ihre äußerste Perfektionierung erreicht und sich somit selbst ›überlebt‹ hat. Denn im Gegensatz zu »Die Physiker« ist hier keine Spur eines Engagements mehr sichtbar. Die Komödie wird zur Manier, zur rein artistischen Beschreibung einer zwischen Chaos und Kloake hin- und hergezerrten Welt, der auch mit theatralischen Gegenprojektionen nicht mehr zu helfen ist. Im »virtuos durchkalauerte[n] Kunstfeuerwerk«, das im Kalkül seiner Artistik nun, ganz anders als »Die Physiker«, auch im übersteigernden Einsatz der sprachlichen Mittel, »vollkommen antirational« (Jenny K 7; 106) wirken muß, führt sich Dürrenmatts Komödie ad absurdum.

Vier Jahre danach bringt Dürrenmatt diesen Komödientypus (der auch noch die »Wiedertäufer«-Bearbeitung bestimmt) nochmals auf die Bühne, im »Porträt eines Planeten«. Den Mechanismus der »Meteor«-Handlung wird er in »Die Frist« aufgreifen, dort allerdings direkt aus der Geschichte ableitbar und nicht mit dem Auferstehungsmotiv verbunden. Das Nichtsterben-Können des Meteors wird dann zum Nicht-sterben-Dürfen des Diktators. – Die nun folgende Schaffensphase der Jahre 1967 bis 1972 wird durch die Bearbeitungen bestimmt.

Literatur:

Hans Mayer: Komödie, Trauerspiel, deutsche Misere. Über Dürrenmatts ›Meteor‹ und Grassens ›Die Plebejer proben den Aufstand‹. In: Thh 7 (3/ 1966) 23–26.
Reinhard Herdieckerhoff: Der Meteor – Ein Versuch der Deutung. In: Rolf Bohnsack (Hg.): Gestalt – Gedanke – Geheimnis. Festschrift Johannes Pfeiffer. Berlin 1967; 152–162.

Hertha und Egon Franz: Zu Dürrenmatts Komödie ›Der Meteor‹. In: ZfdPh 87 (1968) 660 f.

Renate Usmiani: Friedrich Dürrenmatt as Wolfgang Schwitter. An Autobiographical Interpretation of ›The Meteor‹. In: MD 11 (1968) 143–150.

Winfried Freund: Modernes Welttheater. Eine Studie zu Friedrich Dürrenmatts Komödie ›Der Meteor‹. In: LWU 6 (1973) 110–121.

Peter Spycher: Friedrich Dürrenmatts ›Meteor‹. Analyse und Dokumentation. In: I 3; 145–187.

Judith R. Scheid: Poetic and Philosophical *Einfall*: Aristophanes' and Hegel's Influences on Dürrenmatt's Theory of Comic Action and on His Comedy *Der Meteor*. In: Seminar 15 (1979) 128–142.

10. »Die Wiedertäufer« (1966)

Im Gegensatz zu früheren Revisionen eigener Stücke unternimmt Dürrenmatt jetzt eine vollständige Neubearbeitung des Stoffes seines erstaufgeführten Dramas »Es steht geschrieben« (1946). »Die Wiedertäufer. Eine Komödie in zwei Teilen« wird unter der Regie von Werner Düggelin am 16. 3. 1967 im Schauspielhaus Zürich uraufgeführt. Publikum und Kritik äußern sich zurückhaltend, zum Teil ablehnend. Die im gleichen Jahr veröffentlichte Druckfassung enthält einen ausführlichen »Anhang« – eine sich nunmehr etablierende Gewohnheit Dürrenmatts, die in der Veröffentlichung des »Mitmachers« dann zum »Komplex« über sich selbst hinauswachsen wird –, in dem sich Anweisungen zur Bühnengestaltung sowie »Dramaturgische Überlegungen« finden. Letztere verdeutlichen am »Modell Scott« die Prinzipien der Bearbeitung. Eine »Dramaturgie der Komödie als Welttheater« (A 3; 180 f.), die sich gleichermaßen auf den vorangegangenen »Meteor« anwenden ließe, beruft sich ausdrücklich auf das grundsätzliche Geschiedensein von Komödie und Wirklichkeit und wiederholt in verkürzter Form das Postulat der »Theaterprobleme«, daß eine Lehre nicht auf der Bühne, sondern nur bei dem sich von der Komödie distanzierenden bzw. befremdeten Rezipienten wirksam werden könne. Wie schon in »Die Physiker«, deutlicher noch im »Meteor«, so weist Dürrenmatt hier dem Zuschauer die Aufgabe zu: »Das Theater ist nur insofern eine moralische Anstalt, als es vom Zuschauer zu einer gemacht wird.« (ibid. 181)

Struktur und Ästhetik der »Wiedertäufer« dokumentieren die zwanzigjährige Entwicklung Dürrenmatts als Dramatiker. Aus der lockeren Szenenfolge des Erstlings, die den Durchblick auf die ihr zugrunde liegende historische Folie immerhin erlaubt, ist nunmehr totale Fragmentierung geworden. Wo dort, in starker Anlehnung an die Szenenreihung des Expressionismus, die 34 Einzelauftritte (vgl. S. 20 ff.) meist nahtlos ineinander überlaufen, ist der dramaturgische Vollzug nun scharf in zwei Teile getrennt, die sich in jeweils 11 bzw. 9 Szenen gliedern. Teil I beschreibt den Aufstieg der Wiedertäuferbewegung, die Einnahme der Stadt Münster, die Rolle des Schauspielers Bockelson und seine Krönung zum Wiedertäuferkönig nach dem Tod Matthisons. In Teil II wird dann der Umschwung gezeigt; der Tanz Bockelsons und Knipperdollincks findet nunmehr auf der »Bühne des bischöflichen Theaters« statt, und das Stück endet mit dem Ausruf des alten Bischofs von Waldeck: »Diese unmenschliche Welt muß menschlicher werden / Aber wie? Aber wie?« (A 3; 169) Die Neufassung verzichtet auf eine dramaturgische Szenenbindung – innerhalb der beiden Teile wären die Einzelszenen fast beliebig austauschbar – und auf jeden Kausalnexus des Geschehens. Als Verständnishintergrund dient nun nicht mehr der historische Vorgang (alle epischen Verweiselemente darauf sind der Bearbeitung zum Opfer gefallen), überhaupt verzichtet das Stück auf jeden realen Ort. Die Eigenständigkeit des Komödiengeschehens steht somit, gerade auch durch die Anlage des Stückes als Spiel im Spiel, einer Fiktion der Geschichte gegenüber, die nicht mehr und nicht weniger gilt als ein Komödiantenspiel. Bockelson, von vornherein zum Schmierenkomödianten disqualifiziert, büßt jede historische Funktionalität ein, die ihm in der Erstfassung noch zukam. Seine Tirade auf der Folter, in der er noch immer die Gnade Gottes beschwört, muß folglich leer bleiben, da sie nun jeglicher Motivierung durch die Handlung entbehrt.

In der Neufassung hat sich die totale Wirklichkeitsaufhebung gegenüber dem partiellen Illusionsbruch des Erstlings durchgesetzt, das Stück gegenüber der Vorlage so eine künstlerische Geschlossenheit erreicht; dieser Wandel spiegelt die Entwicklung des Geschichtsbildes bei Dürrenmatt. Dem Konzept einer chaotischen, von Zufällen regierten Geschichte, die sich jeder Planung und Sinnfälligkeit entzieht, tritt zwanzig Jahre später der absolute Vertrauensverlust in die bloße Möglichkeit einer *Darstellung* historischer Vorgänge entgegen. Geschichte, als Vermitteltes, kann nur noch *paradox*, in der äußersten Verzerrung der Komödie begriffen werden: »Dadurch, daß eine Handlung paradox wird, ist ihr Verhältnis zur ›Wirklichkeit‹ irrelevant, ob wirklich oder fiktiv, die Handlung wirkt paradox, das Verhältnis zur Wirklichkeit ist bereinigt, weil es im alten Sinne keine Rolle mehr spielt.« (A 3; 180) Der Anspruch des Welttheaters, den bereits die Komödie des »Meteor« verwirklicht hatte, bekräftigt sich hier also aufs neue. (Der Autor hat ihn in einem Ölbild aus dem Jahre 1966 [F 1; 54] gestaltet, das Bockelson auf Gottes Thron zeigt, umgeben von Engeln und Teufeln, herabblickend auf die sich öffnende Erdkruste, unter der die Verstoßenen in einem kindlich skizzierten Hades gepeinigt werden.) Nicht nur wird die »metaphysische Instanz« (Böth) des Frühwerks zurückgenommen, es wird zugleich jede gültige Aussage, die das Geschehen in seiner ursprünglichen Fassung noch enthielt, vermieden bzw. bereits im Binnenspiel der Akteure in Frage gestellt. Deshalb scheint es fraglich, ob sich die vorgeschlagene Klassifizierung der »Wiedertäufer« als »politische Komödie« (Böth) halten läßt, ist doch der Bearbeitung jeder ontologische Unterschied zwischen Komödie und Politik zum Opfer gefallen. Beide werden als identisch gezeigt, aber die »schlimmst mögliche Wendung« im Geschick Bockelsons und der Wiedertäufer entbehrt in diesem Zusammenfallen jeder politischen Aussage, eben weil der historische Raum vom ästhetischen aufgesogen und somit als Bezugsort eliminiert ist. Die von Marianne Biedermann aufgeworfene Frage, ob eine Dramaturgie, die den bewußten Verzicht auf den Einbezug einer zumindest noch *möglichen* Alternative in der Wirklichkeit (wie sie »Die Physiker« etwa andeuten) zum künstlerischen Postulat erhebt, nicht zum »puren Spiel« wird, beantwortet sich bei der Analyse des Textes von selbst.

Literatur:

Vgl. auch S. 22.
J. C. Hammer: Friedrich Dürrenmatt and the Tragedy of Bertolt Brecht: An Interpretation of ›Die Wiedertäufer‹. In: MD 12 (1969) 204–209.
Margareta N. Deschner: Dürrenmatt's ›Die Wiedertäufer‹. What the Dramatist has Learned. In: GQ 44 (1971) 227–234.

11. *Die Bearbeitungen nach Shakespeare und Strindberg (1968–1970)*

Im Herbst 1968 tritt Dürrenmatt, der sich nun stärker der praktischen Bühnenarbeit widmen will, als künstlerischer Berater und Mitglied in die Direktion der Basler Bühnen ein. Während der einjährigen Zusammenarbeit mit dem Regisseur Werner Düggelin entstehen die Bearbeitungen von Shakespeares »König Johann« und Strindbergs »Totentanz«, »Mississippi 1970« sowie eine Inszenierung von Lessings »Minna von Barnhelm«, die die gesellschaftskritischen Ansätze der Komödie, insbesondere die ökonomischen Gegebenheiten der Zeit, deutlich herausarbeitet. Im Mai 1970 wird Dürrenmatt dann in den Verwaltungsrat der Züricher Neuen Schauspiel AG aufgenommen. Neue Inszenierungen und Bearbeitungen gelangen zur Aufführung: eine stark episierte Inszenierung des »Urfaust« (Uraufführung am 20. 10. 1970 im Züricher Schauspielhaus), dann die zweite Shakespeare-Bearbeitung »Titus Andronicus« in Düsseldorf, der die Uraufführung von »Porträt eines Planeten« vorangegangen war. Ebenfalls in diesen Umkreis gehört die Züricher Inszenierung von Büchners »Woyzeck« (Uraufführung am 17. 2. 1972), die die Fragmente auf ihre dramaturgischen Grundelemente reduziert.

Die Hinwendung Dürrenmatts zu Bearbeitungen bekannter Dramen sollte in ihren Motiven nicht zu einseitig gesehen werden. Sicherlich ist sie *auch* das Resultat einer Schaffenskrise, die sich bereits im »Meteor« abzeichnet und deren Verlauf die Entstehung der manierierten Komödien »Die Wiedertäufer« und »Porträt eines Planeten« bestimmt. Darüber hinaus fällt sie in die Zeit einer allgemeinen Politisierung der Kunst und der erhöhten publizistischen Tätigkeit Dürrenmatts, die in der Folge des Züricher Literaturstreits 1967 einsetzt und die Jahre der dritten Arbeitsphase bis 1972 einschließt. Ein neues Verhältnis zur literarischen Tradition, zur Literatur überhaupt etabliert sich in Westeuropa im Zuge der allgemeinen gesellschaftlich-politischen Bewußtwerdung – die Zahl der in diesen Jahren verfaßten Bearbeitungen gerade von Stücken der »Klassiker« berechtigt durchaus, von einer literarischen Strömung zu sprechen, die sich wiederum durch ein gewandeltes Geschichtsverständnis legitimiert –, und Dürrenmatts Tätigkeit als Bearbeiter und Regisseur weist ihn dem größeren Kontext einer fortschrittlichen Kulturproduktion zu. Im Gegensatz zu den Überarbeitungen eigener Texte, die er immer wieder vorgenommen hat und die sich nahezu ausschließlich auf ein modifiziertes Verhältnis zur Bühne stützen, versucht er in den Bearbeitungen der Jahre 1968 bis 1970 der Tatsache eines geschichtlichen Wandels Rechnung zu tragen, eines Wandels, der sowohl den Wirkungsmöglichkeiten eines Stückes anderes abverlangt als auch einen grundsätzlich verschiedenen Erwartungshorizont beim Publikum bedingt. Diese Politisierung, an der der Autor Anteil hat, führt indessen nicht zu einem neuen Geschichtskonzept. Dürrenmatt pocht weiterhin, wenn auch deutlicher als zuvor, auf die chaotische Natur der Geschichte, der nicht systematisch, sondern allein »kritisch« beizukommen sei. In seiner anläßlich der Verleihung des Großen Literaturpreises der Stadt Bern im Oktober 1969 gehaltenen Rede »Über Kulturpolitik« unterstreicht er diese Zuspitzung seiner ästhetischen Theorie: »Das Denken Europas, das die Welt veränderte, ist das wissenschaftliche Denken. Wissenschaftliches Denken ist kritisches Denken, und so haben wir auch unsere Kunst zu betreiben: kritisch.« (A 7; 28). Nun bedeutet diese kritische Wissenschaftlichkeit nicht etwa die Anwendung gesellschaftlicher oder ökonomischer Theorien auf die Kunst – mit der Ästhetik Brechts hatte Dürrenmatt endgültig schon, auch im Formalen, in »Frank der Fünfte« und, parodistisch, in der Bühnenfassung des »Herkules« gebrochen. Sie erfordert auch nicht den Einsatz dokumentarischer Fakten oder Mittel auf der Bühne. Sondern sie bedeutet, auf der Basis der Theorie von der Komödie als Welttheater, die Konzentration auf die Analyse gesellschaftlicher und politischer *Mechanismen*: Spielprinzipien, die in der Bearbeitung quasi-analytisch herausgearbeitet und auf der Bühne dann distanzierend in Handlung umgesetzt werden. Indem Dürrenmatt diese Mechanismen aus seiner literarischen Vorlage herauspräpariert, führt er den jeweiligen Originaltext an sein modernes Publikum heran und läßt zugleich, im Widerschein des ewig Unveränderlichen, den gesellschaftlich-politischen Befund zum Ritual werden, das beliebig wiederholbar ist. So haftet in der Tat der analytischen, verkürzenden Dramaturgie dieser Schaffensphase ein Zug zum Absurden an, der aus der Statik des Dürrenmattschen Geschichtsdenkens folgt und dem allein der dezidierte Moralanspruch dieser Texte entgegenwirkt. Dürrenmatt selbst hat diese Affinität in seinem »Bericht« zu »Play Strindberg« betont und nicht umsonst gerade auf Beckett und Ionesco, aber auch auf seinen »Meteor« verwiesen.

Schon in der Rede »Varlin schweigt« (1967), einer verspäteten und in der Sache verfehlten Stellungnahme zum Züricher Literaturstreit, hatte er, in guter Absicht, die Freiheit der Kunst gegenüber dem Diktat der Gesellschaft betont, ungewollt aber damit einer vollends abgelösten Ästhetik das Wort geredet. Später dann, in den Essays und kulturpolitischen Stellungnahmen (vgl. S. 105 ff.), besteht er auf der Verwandtschaft von Dramaturgie und Politik, allerdings unter dem grundsätzlichen Vorbehalt einer Trennung von Kunst und Wirklichkeit: »Die Aussage des Theaters, auch wenn sie auf die Politik zielt, und sie muß auf die Politik zielen, bleibt eine theatralische Aussage. Das Theater kann nichts anderes sein als Theater. Daß es sich dessen bewußt wird, macht es zum kritischen Theater.« (A 7; 31) Diese *Theorie vom kritischen Theater* setzt Dürrenmatt in seinen Bearbeitungen ins Werk.

a) »König Johann. Nach Shakespeare« (1968)

Das Stück wird am 18. 9. 1968 unter der Regie von Werner Düggelin im Basler Stadttheater uraufgeführt. Die Premiere wird zum Erfolg. Der Druckfassung des gleichen Jahres gibt der Autor in Form der »Prinzipien der Bearbeitung« einen Rechenschaftsbericht bei, der am praktischen Beispiel seine Theorie des kritischen Theaters belegt. Eine Reihe von Zeichnungen begleitet die Entstehung (F 1; 47 ff.). Dürrenmatt stützt sich ausschließlich auf die Schlegelsche Übersetzung des »King John« und berücksichtigt nicht den Originaltext bzw. Shakespeares Bearbeitung einer möglichen früheren Quelle. »König Johann«, das werkgeschichtlich im Umkreis des »Monstervortrags über Gerechtigkeit und Recht« steht – der den bezeichnenden Untertitel »Eine kleine Dramaturgie der Politik« trägt –, will gleichnishaft *den* Mechanismus »der Politik« bloßlegen: »Aus einer dramatisierten Chronik wird ein Gleichnis: Die Komödie der Politik, einer bestimmten Politik.« (A 3; 281)

Daß es Dürrenmatt auf den Befund ankommt, der sich bei ihm wie bei Shakespeare aus der Analyse politischer Machenschaften ableitet, einen Befund, der »von unserer Zeit bestätigt« wird, nicht aber um etwaige Voraussetzungen, die jene Politik ermöglichten und noch immer ermöglichen könnten, zeigt sein Verfahren der Bearbeitung. Die fünf Akte der Shakespeareschen Tragödie sind fest eingebettet in die britische Geschichte, deren Fortgang der Bastard am Ende prophetisch beschwört. Dürrenmatt löst das Geschehen weitgehend von diesem Hintergrund ab. Er betont einerseits das Episodische der Handlung, gruppiert sie andererseits deutlich um den Bastard, der zum eigentlichen Manipulator eines Prinzips der Staatsraison wird. In fünf Auftritten à 1, 2, 4, 2 und 3 Szenen rafft er das Spielgeschehen beträchtlich, entkleidet die Sprache jeder pathetischen Färbung und betont, sowohl vom Kompositorischen als auch von der persönlichen Motivation her, die »Zugsmöglichkeiten« der einzelnen Figur. Seine Freiheit gegenüber der Vorlage nimmt im Lauf der Bearbeitung zu (Details vgl. Labroisse). Die Transposition der Tragödie zur Komödie wird durch Situationskomik, sprachliche und szenische Gags und gelegentliche Derbheit erreicht. Gegen Ende, als Johann, der dem Monopolkapitalismus entsagt und eine Sozialreform verwirklichen will, von der Kirche beseitigt wird, sieht der Bastard keine Chance mehr für eine evolutionäre Veränderung der Verhältnisse. Verflucht vom König zieht er sich aus der Politik zurück. Nur in seiner Absicht, Bastarde nach seiner Art zu zeugen, wird die vage Aussicht auf eine Überwindung des Machtkartells angedeutet. Gegenüber seiner Vorlage bringt Dürrenmatt »das Volk« als »neuen ideologischen Faktor« in das Spiel ein, allerdings nur in seiner Repräsentation durch den Bastard, nicht als handlungsfähige oder geschichtliche Kraft. Hierin bleibt er seinem Gesellschaftskonzept treu, das die Beherrschten als »Opfer«, keineswegs aber in der Rolle der gleichberechtigt Mitspielenden sieht. Das einmal der tragischen Notwendigkeit entkleidete Spiel beruht auf der Anwendung der Formel »Johann = Philipp = Feudalismus«, die dann, durch die Einwirkung des Bastards auf Johann, sich folgendermaßen verändert: Johann + Bastard = Reformpolitik. Zufall und ›System‹ wirken jedoch vereint gegen die Reform. Johann und der Bastard werden eliminiert bzw. handlungsunfähig gemacht, das

Resultat: es bleibt alles beim alten. Wäre nicht diese Wendung sowohl von der literarischen Tradition als auch in der Spielstruktur Dürrenmatts vorgegeben, könnte man in der Tat von einem Rückfall in die Tragödie sprechen (Knopf). Man hat auf die parodistische Anlage der Bearbeitung verwiesen (Eifler L 64). Zu übersehen ist aber auch nicht ihr didaktischer Anspruch, der »[. . .] die Maschinerie der Politik, das Zustandekommen ihrer Abkommen und ihrer Unglücksfälle« (A 3; 283) vorführen will. Daß diese Didaxe keineswegs ungebrochen auf eine zeitgenössische Politik übertragbar ist, versteht sich: »König Johann« handelt nach wie vor von den Machenschaften britischer Feudalherren an der Schwelle zum dreizehnten Jahrhundert.

b) »Play Strindberg. Totentanz nach August Strindberg« (1968/69)

Am 8. 2. 1969 wird in der Basler Komödie »Play Strindberg« uraufgeführt, die erfolgreichste der Dürrenmattschen Bearbeitungen. Die im gleichen Jahr veröffentlichte Druckfassung enthält detaillierte szenische Anweisungen sowie einen »Bericht« des Autors. Die Bearbeitung stützt sich vorwiegend auf den ersten Teil von Strindbergs Drama: »Dödsdansen« (1901), berücksichtigt aber auch den Schluß des zweiten Teils »Dödsdansen. Andra Delen« (1902). Wiederum benutzt Dürrenmatt eine Übersetzung; der Originaltext wird nicht herangezogen.

Dürrenmatts Auseinandersetzung mit Strindberg reicht weit zurück. Schon 1952, während seiner Tätigkeit als Theaterkritiker der ›Weltwoche‹, rezensiert er die »Gespenstersonate«, ein Stück, an dem ihn vor allem die »Stimmung« und der Hang zum Mythischen beeindrucken (vgl. A 6; 340 f.). Strindbergsche Motive in Form des Totentanzes und der sado-masochistischen Ehekonstellation haben in zahlreiche frühere Stücke Eingang gefunden, am deutlichsten in »Die Ehe des Herrn Mississippi«. Der eigentliche Anstoß zur Bearbeitung liegt zwanzig Jahre zurück: eine Basler Inszenierung des »Totentanzes« (der eigentlich besser als »Todestanz« zu übersetzen ist) mit einer »[. . .] Erinnerung an Schauspieler, aber nicht an ein Stück« (A 3; 349). Der Autor bringt die Substanz des Strindberg-Stückes auf die Formel »Plüsch x Unendlichkeit« (ibid.) und charakterisiert damit weniger den Text selbst, der deutlich milieu- und epochenkritische Züge trägt, als vor allem die deutschsprachige Bühnentradition im Umgang mit Strindbergtexten, die jene Züge von Anfang an eliminierte und sowohl die individualpathographische Anlage der Figuren als auch einen vagen metaphysischen Hintergrund betonte. So gesehen, ist Dürrenmatts Bearbeitung – unbeabsichtigt – viel mehr zur Absage an einen bestimmten *Erwartungshorizont* gediehen denn als Gegenkonzeption zum Text selbst, den sie vorwiegend aus seiner Aufführungspraxis deutet.

Der Titel »Play Strindberg« spielt auf die in den frühen sechziger Jahren verbreitete Mode der Jazz-Improvisationen über Bach-Musik an, die den Gegnern ernster Musik diese im ›modernen‹ Gewand näherzubringen suchte. So wie jene den musikalischen Gehalt dem gefälligen Aufputz preisgaben, will Dürrenmatt in der Elimination der »literarischen Seite« Strindbergs die »Nähe seiner theatralischen Vision zur Moderne« verdeutlichen. Die »bürgerliche Ehetragödie« wird umgedeutet zur Komödie über bürgerliche Ehetragödien, zugleich zur totalen Theatralisierung eines Kampfrituals. Die ästhetische Konzeption der Vorlage, die großenteils auf der atmosphärischen Zeichnung von Raum und Figur beruht – Edgar als der Vertreter der verarmten, aber einflußreichen Offizierskaste der schwedischen Jahrhundertwende, Alice als die verkommene Exschauspielerin, beide gefangen in der »kleinen Hölle« ihres Ehelebens in der Garnison –, wird von jeder zeitlichen und räumlichen Definition gelöst. Das Geschehen findet in einer runden Arenabühne statt, es gliedert sich in die zwölf Runden eines Boxkampfes. Die Spieler fungieren zugleich als Antagonisten und als episierende Ansager bzw. Ringrichter. Vom Humor der Vorlage, der zusammen mit der melancholischen Haßliebe der Figuren bei Strindberg entscheidend zur Charakterisierung beiträgt, ist in Dürrenmatts Komödie keine Spur mehr geblieben. Alice und Edgar, deren Dialog hier in absurder Verkürzung die Kommunikationslosigkeit ihres Daseins zeigen will, sind in einem tödlichen Streit ineinander verkrallt, dessen Sinn ihnen selbst entgeht. Wenn Edgar am Ende der ersten Runde sagt: »Wir hängen uns am besten auf« (A 3; 299), so ist dies nicht nur als Anspielung auf Becketts »Warten auf Godot« aufzufassen; die Bemerkung verdeutlicht die Aussage des Spiels, die an der destruktiven Zweierbeziehung gesellschaftliche Defizienz im allgemeinen darzustellen versucht.

Jene wird verkörpert durch Kurt, der, im Gegensatz zur Vorlage, dem korrupten Großkapital angehört. Am Ende, nachdem Edgar, in der siebenten Runde außer Gefecht gesetzt, nur noch lallend mitspielen kann, stellt Kurt fest, daß es um die ›kleine‹ Welt des bürgerlichen Ehelebens auch nicht besser steht als um die ›große‹ des Kapitals: »Nur die Dimensionen sind anders.« (A 3; 347) Die hier angewendete kritische Dramaturgie möchte durch ihre szenische Entproblematisierung die Grundkonstellation der Tragödie in die Komödie hinüberretten und sie zugleich als gesellschaftlichen Befund aufs neue problematisieren. Wiederum ließen sich die der Vorlage entnommenen Mechanismen – mit denen Dürrenmatt nur einen *Teil* des Originaltexts erfaßt – auf eine einfache Formel bringen. Im Gegensatz zu »König Johann« weist »Play Strindberg« dabei eine deutlich emanzipatorische Intention auf, die das Stück, zusammen mit seiner wirkungsvollen Improvisationsästhetik, zur gelungensten Bearbeitung Dürrenmatts macht.

Literatur:

Hans J. Ammann: Theaterarbeit. Zur Entstehung von »Play Strindberg«. In: NZZ v. 15. 6. 1969.
Hilde Rubinstein: Der Schaukampf des Friedrich Dürrenmatt. In: Frankfurter Hefte 25 (3/1970) 202–206.
Corona Sharp: Dürrenmatt's ›Play Strindberg‹. In: MD 13 (1970/71) 276–283.
Ursel D. Boyd: Friedrich Dürrenmatt und sein Drama ›Play Strindberg‹. In: Germanic Notes 3 (1972) 18–21.
Markus Pritzker: Strindberg und Dürrenmatt. In: Studien zur dänischen und schwedischen Literatur des 19. Jahrhunderts. Basel (= Beiträge zur nordischen Philologie 4) 1976; 241–255.
Gerhard P. Knapp: From *lilla helvetet* to the Boxing-Ring: August Strindberg and Friedrich Dürrenmatt. In: *Marilyn Johns Blackwell* (Hg.): Structures of Influence: A Comparative Approach to August Strindberg. A Festskrift for Walter Johnson. Chapel Hill 1981.

c) »*Titus Andronicus. Eine Komödie nach Shakespeare*« (1969/70)

Dürrenmatts zweite und bisher letzte Bearbeitung eines Shakespeare-Texts entsteht während seiner Tätigkeit an der Neuen Schauspiel AG Zürich, sie wird jedoch erst am 12. 12. 1970 unter der Regie von Karl Heinz Stroux im Düsseldorfer Schauspielhaus uraufgeführt – ein Theaterskandal, das Stück wird von Kritik und Publikum einhellig abgelehnt. Die Druckfassung trägt das Datum des gleichen Jahres, wird aber erst 1971 ausgeliefert. Diesmal verzichtet der Autor, der sich auf die Übersetzung von Baudissin stützt, auf die Beigabe einer Erklärung seiner Bearbeitungsprinzipien. Jene wird erst später, in A 7 (187–193), nachgeliefert. Der Mißerfolg dieser Bearbeitung dürfte für Dürrenmatt dann auch zum Anlaß geworden sein, eine geplante Bearbeitung von Shakespeares »Troilus und Cressida« nicht auszuführen.

Auch im »Titus Andronicus« arbeitet Dürrenmatt, gegenüber der Vorlage, mit starker szenischer, sprachlicher und motivischer Verkürzung. Die fünf Akte von Shakespeares Erstling werden szenisch zu 9 Auftritten gerafft. Die Sprache, noch immer durch das Metrum gebunden, tendiert in ihrer Verknappung und oft umgangssprachlichen Pointierung zum Grotesken: »Ändert sich die Sprache, ändert sich damit auch die Handlung.« (A 7; 189) Die

Handlung erscheint in äußerster Reduktion und setzt in der Abfolge von Morden, Bluttaten und Schändungen das »Endspiel mit einer veralteten Gesellschaft« (ibid. 192) in Szene. Der Verweischarakter, der bei Shakespeare bereits auf dem Brückenschlag von einem mythologisch begriffenen Rom zur sehr realen Umgebung des elisabethanischen Zeitalters beruht, greift bei Dürrenmatt nun auch auf die Gegenwart über. Der Staat, um den es ihm geht, trägt, nach Maßgabe des Autors, »[. . .] sowohl spätbürgerliche als auch ›spätsozialistische‹ Züge« (ibid. 191).

Die Ästhetik des Stückes entfaltet sich als Schockwirkung, als übersteigerte Brutalisierung eines Geschehens, in dem der Mensch nur noch als Opfer eines sinnlosen Machtwillens Stellenwert besitzt. Weder am Dialog noch an einer episierenden Instanz – wie in »Play Strindberg« – wird der Vorgang verdeutlicht, es sei denn, man deute den betonten *Spiel*charakter der Komödie im ganzen als eine Verfremdung, deren Resultat dann in ihrer Infragestellung läge. Als Komödie der Politik, als die sie Dürrenmatt ausdrücklich aufgefaßt haben will (vgl. ibid. 191), tendiert das Stück deutlich zum Absurden. Denn gegenüber der Bearbeitung von »König Johann«, der immerhin ein zur Formel reduziertes Kräftespiel von Fortschritt versus Reaktion zugrunde liegt, bleibt hier nur der Befund eines völlig sinnentleerten Rituals. Politik kann sich im Rahmen dieser veralteten Gesellschaft allein in der Zerstörung des Menschlichen verwirklichen. Ausgerechnet der Gotenkönig Alarich, der für Dürrenmatt »[. . .] weniger eine historische als eine mythische, zerstörerische Größe, ein Trauma der Geschichte« (ibid. 192) ist, und den er als Handelnden neu ins Spiel einbringt, zieht am Ende das Resümee der Komödie: »Was soll Gerechtigkeit, was soll da Rache? / Nur Namen sind's für eine üble Mache. / Der Weltenball, er rollt dahin im Leeren / Und stirbt so sinnlos, wie wir alle sterben [. . .]« (A 3; 427).

Die Forderung, die Dürrenmatt in dem Essay »Zwei Dramaturgien« (1968) erhoben hat: dem Menschen sei durch die Komödie vor Augen zu führen, daß er ein Opfer ist, wird hier konsequent erfüllt. Im Gegensatz zu Shakespeare, wo das ›Tragische‹ letztlich im Menschlichen aufgeht, vermag die Ästhetik der Komödie dort, wo sie das absurde Endspiel tangiert, dem ›Unmenschlichen‹ gerecht zu werden. Insofern stellt »Titus Andronicus« den Höhepunkt der kritischen Dramaturgie dar, so wie »König Johann« und »Play Strindberg« ihn jeweils aus anderer Stoßrichtung vorbereiten. Dürrenmatt greift diese Dramaturgie in »Der Mitmacher« wieder auf und fundiert sie theoretisch im »Mitmacher-Komplex«.

Literatur zu den Shakespeare-Adaptionen:

A. Subiotto: Dürrenmatt's ›King John‹. A Comedy of Politics. In: Affinities. Essays in German and English Literature. (Festschrift Oswald Wolff). London 1971; 139–153.

Peter André Bloch: Dürrenmatts Plan zur Bearbeitung von Shakespeares Troilus und Cressida. In: Jb. d. dt. Shakespeare-Ges. West 1972; 67–72.

Urs H. Mehlin, Claus Bremer, Renate Voss: Die jämmerliche Tragödie von Titus Andronicus. Friedrich Dürrenmatt: ›Titus Andronicus‹, Hans Hollmann: ›Titus Titus‹. Ein Vergleich. In: Jb. d. dt. Shakespeare-Gesellschaft West 1972; 73–98.

Gerd M. Labroisse: Zu Dürrenmatts Bearbeitung des ›König Johann‹. In: Levende Talen 38 (1972) 31–38.

Trudis Elisabeth Reber: Dürrenmatt und Shakespeare. Betrachtungen zu Friedrich Dürrenmatts »König Johann« (nach Shakespeare). In: I 3; 80–89.

12. »Porträt eines Planeten« (1967/69/70)

Der letzte eigene Komödientext, der in der dritten Arbeitsphase uraufgeführt wird, ist werkgeschichtlich *vor* die Bearbeitungen einzuordnen, auch wenn seine Uraufführung am 8. 11. 1970 im Kleinen Haus des Düsseldorfer Schauspielhauses (Regie: Erwin Axer) in die Zeit der kritischen Dramaturgie fällt. Er ist mit langen Arbeitsunterbrechungen entstanden und sollte bereits 1969 in Basel aufgeführt werden. Sowohl die Krankheit Dürrenmatts im Frühjahr 1969 als auch sein Ausscheiden aus den Basler Bühnen im Herbst durchkreuzten den Plan. Die Düsseldorfer Premiere stößt vorwiegend auf kritische Ablehnung. Eine revidierte Neuinszenierung findet unter der Regie Dürrenmatts am 25. 3. 1971 im Schauspielhaus Zürich statt; auch sie war kein Erfolg. Die 1971 datierte, im Folgejahr erst ausgelieferte Druckfassung stützt sich auf die Züricher Aufführung des Stückes.

In seinem »Vorwort« zur Buchausgabe betont der Autor den Zug zur Verkürzung, der seine Dramaturgie in jüngster Zeit kennzeichne: »Ich versuche dramaturgisch immer einfacher zu zeigen, immer sparsamer zu werden, immer mehr auszulassen, nur noch anzudeuten. Die Spannung zwischen den Sätzen ist mir wichtiger geworden als die Sätze selbst.« etc. (B 22; 10) Mit der Formel des Theaters, das »sich auf sich selbst reduziert«, trifft er indessen weniger das »Porträt« als die kritische Reduktion der Spielmöglichkeiten, wie er sie bereits in den Shakespeare- bzw. Strindberg-Bearbeitungen und dann im »Mitmacher« anwendet. Das »Porträt«, das übrigens nicht ausdrücklich den Untertitel »Komödie« führt, gehört in seiner Heterogenität zumindest teilweise noch der zweiten Schaffensphase zu. Wiederum gewinnt hier der Anspruch der Komödie, Welttheater zu sein, Gestalt, ähnlich wie im

»Meteor«, den »Herkules«- und »Wiedertäufer«-Bearbeitungen. Zwar sind Bühnenentwurf und Dialog, ersterer in seiner Kargheit, letzterer in absurder Starre und Formelhaftigkeit, sowie das reduzierte Personal (acht ›archetypische‹ Figuren) deutlich Resultat der ab 1967 einsetzenden Modifizierung der dramaturgischen Mittel; der Anspruch der 25 Szenen, Kosmologie und Weltgeschichte in äußerster Verdichtung zu repräsentieren, übertrifft indessen den der Komödienvorgänger des »Portraits« bei weitem. Zwei Bilder der Jahre 1965 (*Der Weltmetzger*: F 1; 41) und 1970 (*Porträt eines Planeten II*: F 1; 42) unterstreichen von ihrer Konzeption her diesen Anspruch.

Dürrenmatt greift für die Struktur des Stückes auf die postexpressionistische Reihungstechnik und die kontrapunktische Gegenüberstellung seines Erstlings zurück. In lockerer, allein durch den gemeinsamen Spielort »Planet« verbundener Folge wird das Endspiel zum Vollzug einer chaotischen Weltgeschichte. Ein spieltechnischer Rahmen in Form der Explosion eines Himmelskörpers, die vier Götter in der Eingangsszene beobachten (»Eine Sonne dort geht hops.« [B 22; 14]), erweist sich in der spiegelverkehrten Schlußszene als Zerstörung *der* Sonne, der dann der Untergang des Planeten Erde folgen muß. Die zwischengeschalteten Szenen illustrieren in dramaturgischer Verkürzung wesentliche Stationen der Menschheitsgeschichte von der Problematik der Dritten Welt über den Vietnamkrieg, das von den Medien bestimmte Leben aus zweiter Hand, Rassenhetze, Drogensucht, Weltraumfahrt, die Unmöglichkeit der Verwirklichung menschlicher Freiheit, den Völkermord bis hin zur tatsächlichen Vernichtung der Menschheit. Wie in »Play Strindberg« wendet sich Dürrenmatt jetzt auch den »Opfern« zu, allerdings mit deutlicher Beschränkung auf die westliche Welt und – wie bereits in den früheren Komödien – ohne jede Spur des Mitleids bzw. der Sympathie. Die Gesellschaftskritik des Stückes entäußert sich abermals im gleichsam wertfreien Befund einer Menschheit, die die »Chance« ihres Planeten vertan hat. Jede metaphysische Instanz bleibt ebenso aus dem Spielvollzug ausgeschlossen wie die Möglichkeit, daß die Menschen sich eines besseren besinnen könnten.

Dürrenmatt hält in der bizarren Weltparabel seines »Porträts« an der Dramaturgie der Komödie fest, die sich wiederum im Zufall der schlimmstmöglichen Wendung verkörpert. Der erste Satz seines »Vorworts« lautet: »Die Wirklichkeit ist die Unwahrscheinlichkeit, die eintritt.« Er stößt – und dies ist ihm bewußt – mit der Ausweitung seiner Ästhetik ins Universale an die Grenzen der Möglichkeiten der Bühne. Was im »Meteor« als ästhetische Allegorie einer chaotischen Welt sich darstellte, will jetzt zugleich in der Antizipation Welt *sein*. Jene chaotische Welt, so argumentiert Dürrenmatt, sei nur dann ästhetisch zu vermitteln, wenn sie »[. . .] radikal ihrer Geschichte und ihrer Zukunft entrissen wird, wenn Geschichte nicht mehr als Entschuldigung und die Zukunft nicht mehr als Hoffnung gilt« (B 22; 9). Als verspäteter Höhepunkt einer manieristischen Fortführung der Komödientheorie – der sein Nachspiel dann nochmals in »Die Frist« findet – hat die »Geschichtsrevue« (Durzak) des Weltuntergangsspiels im Ausdruck eines hilflosen, zutiefst pessimistischen Moralismus scharfe Kritik herausgefordert. Einig ist man sich dabei über die Heterogenität der Komödie: »[. . .] zur Hälfte langweilig-formalistisches Pseudo-Experiment, zur Hälfte naiv-moralisierende Predigt [. . .]« (Jenny K 7; 134). Als entschiedenste Annäherung Dürrenmatts an das engagierte Theater der sechziger und siebziger Jahre, dessen emanzipatorisches Anliegen er jedoch radikal als von der Zwangsläufigkeit einer (in sich keineswegs schlüssigen) katastrophalen Entwicklung überholt denunziert, gewinnt der Text besondere werkgeschichtliche Bedeutung. Anhand einer negativen Eschatologie führt er die Geschichtlichkeit der Menschheit ebenso ad absurdum wie die Einzeleinblicke in die Situation der Opfer, wie sie die Gegenutopie der Szenenfolge ermöglicht. Sein moralischer Appell, der angesichts der dramaturgisch durchgespielten Entwicklung auf keine vernünftige Resonanz mehr hoffen darf, entlarvt sich als Theaterdonner.

Literatur:

Susan Sarcevic: Wilders ›Wir sind noch einmal davongekommen‹ und Dürrenmatts ›Porträt eines Planeten‹: Eine Gegenüberstellung. In: SR 71 (1972) 330–339.

13. »Der Mitmacher« (1972/73)

Mehr als zwei Jahre nach dem Mißerfolg von »Porträt eines Planeten« bringt Dürrenmatt ein neues Stück zur Uraufführung: »Der Mitmacher. Eine Komödie.« Die Premiere findet am 8. 3. 1973 im Schauspielhaus Zürich statt. Regie führte Andrzej Wajda, er trat jedoch kurz vor der Uraufführung aufgrund von Streitigkeiten mit dem Autor zurück; dieser übernahm darauf die Spielleitung. Das Stück wird zum Gegenstand heftiger Ablehnung vor allem von seiten der Kritik, aber auch das Publikum reagiert befremdet. Im Herbst inszeniert der Autor das Stück in Mannheim. Trotz der nun positiveren Aufnahme kann es sich auf den Bühnen nicht durchsetzen. Erst drei Jahre später erscheint dann die Druckfassung zusammen mit zahlreichen Zusätzen zur Deutung bzw. zur Aufführungspraxis. Der »Mitmacher-Komplex«, der auch eine Auseinandersetzung mit Brecht enthält, ist damit zur umfangreichsten poetologischen Standortbestimmung des Autors seit den »Theaterproblemen« über das Stück selbst hinausgewachsen. Bedenkt man die Proportionen der Veröffentlichung – von insgesamt fast 300 Seiten Text beansprucht die Komödie selbst lediglich siebzig Seiten –, so wird die Intensität dieses dramaturgischen Abgrenzungsversuchs deutlich.

Sucht man nach den Leitlinien des »Komplexes«, so findet man sich im biographischen bzw. werkgeschichtlichen Hintergrund auf Erlebnisse und Anschauungen verwiesen, die der Autor auf seinen Amerikareisen 1959 bzw. 1969/70 machte: die sich abzeichnenden Umrisse einer Welt der Degradierung, der Vermarktung des Individuellen, der Unmenschlichkeit. Diese Welt darzustellen bzw. sie in höchster Verkürzung zu dramatisieren, ist das Ziel des »Mitmachers«. Seine kritische Dramaturgie, wie sie in den Bearbeitungen und im »Porträt« Anwendung findet, erweitert Dürrenmatt nun um den Typus einer Bühnenfigur, die aus eigenem Impuls weder Mörder noch Opfer, weder primär Handelnder noch ausschließlich Leidender ist: den »ironischen Helden«. Der Endzeitdramaturgie gliedert sich somit ihr glaubhafter Akteur ein: der Mensch, der »[. . .] weder den Sprung in den Glauben [wagt] oder in den Unglauben, noch den Sprung ins Wissen oder ins Nichtwissen [. . .] weil es für ihn weder Glauben noch Unglauben, weder Wissen noch Nichtwissen gibt« (B 23; 230). Im »Komplex« dokumentiert sich aufs neue, vergleichbar den Essays der dritten und vierten Arbeitsphase, der Hang des Autors zum Aphorismus, zur verkürzenden Formel, extrem ausgedrückt: zu einer *Dramaturgie der Argumentation*, die, eben weil sie die Gewichte ihrer Argumentation gleichsam bühnentechnisch – oder bildnishaft-plakativ – verteilt, häufig undialektisch verläuft. So fordert der »Komplex«, in dem, poetologisch bemerkenswert, die Grenzen zwischen den Gattungen Bühnenstück, Erzählprosa und Essay völlig aufgehoben erscheinen, eine Moral, die sich nicht in der »Erkenntnis des Notwendigen« erschöpft, sondern willens sei, diese Erkenntnis zu verwirklichen (ibid. 90). Gerade das Stück selbst widerlegt diesen Anspruch aber vollends im Nachweis, daß es für den einzelnen keinen Handlungsspielraum mehr gibt. Auch Dürrenmatts »Auseinandersetzung mit Brecht«, die den »Komplex« beschließt, erfüllt sicherlich ihren Zweck einer Abstützung der kritischen Dramaturgie, allerdings zu Ungunsten der Brechtschen Dramaturgie. Genaugenommen fällt Dürrenmatt hier hinter die in »Frank der Fünfte« durchgespielte Position zurück, denn dort hatte er mit den Mitteln Brechts, wenn auch in klarer Modifizierung, auf bildhafte Darstellung ex negativo hingearbeitet. Jetzt unterstellt er Brecht »[. . .] den Hang, sich zu theologisieren, sich in einem System zur Ruhe zu bringen« (ibid. 278). So und auf ähnliche Weise entsteht in der Verkennung, in der bewußten Vereinfachung der Eindruck einer Abrechnung, die der Sache des »Mitmachers« kaum dienlich sein kann.

Das Stück selbst gliedert sich nach bewährtem Muster in zwei Teile. In Form einer breit angelegten Exposition (Teil I) wird Aufschluß über die Personen und ihre Funktion gegeben: Doc, der intellektuelle Mitmacher und Erfinder des Nekrodialysators – einer Leichenvernichtungsmaschine – begeht den letzten »menschliche[n] Verrat« des Nicht-zu-sich-selbst-Stehens (vgl. E 24; 38 ff.). Ihm gegenüber steht der Mitmacher Cop, Polizeipräsident und Infiltrator des Unternehmens. Der szenische und der sprachliche Vorgang erscheinen in äußerster Reduktion. Dialogpartien tendieren, soweit sie keinen unmittelbaren Informationscharakter besitzen (wie etwa in der jeweiligen Selbstvorstellung der Figuren), zur absurden Antikommunikation, zum planmäßigen Aneinandervorbeireden. Auch die Handlung ist auf ein absolutes Minimum reduziert, an dem sich jetzt der Verzicht auf die Strategie des Einfalls, die noch das »Porträt« weitgehend lenkte, verdeutlicht. So ergibt sich im zweiten Teil keine überraschende Wendung, wenn Doc seine Geliebte Ann und seinen Sohn Bill »auflöst« und verleugnet, wenn andererseits Cop sich als Partisan im Apparat, als Gerechtigkeitsfanatiker und »ironischer« Nachfolger Bärlachs entpuppt: »Nur der Verlust von Riesengeschäften vermag diese Welt noch zu treffen [. . .]« (B 23; 69). Ohne aber das Unternehmen irgendwie effektiv treffen zu können, wird er dann selbst beseitigt und nimmt sein Ende gelassen hin: »Wer stirbt, macht nicht mehr mit.« (ibid. 75) So führt die Komödie, deren Spielzeit ausdrücklich als »Gegenwart« bezeichnet ist, auf eine Lehre hin: Als einzige Alternative bleibt dem Menschen, wenn er sich der Mitmacherei verweigern will, der Tod. Mit Cop erlebt, in angedeuteter Persiflage Alfred Ills, der »mutige Mensch« Dürrenmatts eine Art Auferstehung. Im Gegensatz zu jenem ist er jedoch von der gesellschaftlichen Entwicklung (die Dürrenmatt stichwortartig mit der Formel der »Wirtschaftskrise« andeuten will) längst überrollt, der Ironie der totalen Ineffizienz preisgegeben.

Man hat diesen Text, wie die neueren Stücke überhaupt, bisher wenig interpretiert. Daß der Mitmacher sich, deutlicher als seine Vorläufer, der absurden Dramatik annähert, ist offensichtlich. Wichtiger die Tatsache, daß Stücke, die von der umgebenden Realität so eindeutig abgelöst sind wie »Der Mitmacher« (läßt man einmal das absurde Theater und seine Nachfolger außer acht) offenbar auf wenig Beifall beim zeitgenössischen Publikum hoffen dürfen. Gerade jene Autoren, die ihre Erfolge in den fünfziger und sechziger Jahren verbuchten – und Dürrenmatt gehört zu den erfolgreichsten dieser Gruppe –, haben angesichts der veränderten Rezeptionsbedingungen diese Erfahrung machen müssen. Vielleicht ist, neben seiner dramaturgischen Kargheit, dem »Mitmacher« am stärksten anzulasten, daß seine Spielwirklichkeit sich der geschichtlichen Wirklichkeit insofern radikal verschließt, als sie menschliche Freiheit und damit die Geschichtlichkeit des Menschen verleugnet.

Literatur:

Claudia Deering: Friedrich Dürrenmatt's *Der Mitmacher*. Old Themes and a New Cynicism. In: Colloquia Germanica 10 (1976/77) 55–72.
Anton Krättli: »Wie soll man es spielen? Mit Humor!« Friedrich Dürrenmatts Selbstkommentar »Der Mitmacher – ein Komplex«. In: I 4; 49–57.

14. »Die Frist« (1975–1977)

Der bisher vorletzte Bühnentext »Die Frist. Eine Komödie« hat den Autor fast zwei Jahre beschäftigt. Er wird am 6. 10. 1977 (Regie: Kazmierz Dejmek) im Schauspielhaus Zürich uraufgeführt; am 19. 10. 1977 findet die Premiere einer Basler Inszenierung von Hans Neuenfels statt. Obwohl in ihrer Konzeption grundverschieden, stoßen beide Inszenierungen vorwiegend auf Ablehnung bei Publikum und Kritik. So faßt Georg Hensel zusammen: »Dürrenmatt deutet die Welt nicht mehr; er beschimpft sie.« (P 74). Der Druckfassung, die schon vor der Uraufführung erschienen war, läßt der Autor in A 8 eine stilistisch und szenisch leicht überarbeitete zweite Fassung folgen. Beide Versionen verfügen über einen Vorspann, in dem er seine Komödiendramaturgie in Kurzform wiederholt und sie gegenüber einer Kritik abgrenzt, die auf der Repräsentation von Wirklichkeit durch das Bühnengeschehen besteht: »[. . .] daß sie [sc. die Kritik] dann behauptet, mein Theater sei irrelevant, macht sie irrelevant.« (B 24; 12)

Wirklichkeitshintergrund und Möglichkeitsspielraum scheinen in »Die Frist« bei oberflächlicher Betrachtung ein und dasselbe. Die Komödie schildert das Sterben eines Diktators – umgeben von einem bizarren Hofstaat und machthungrigen Interessengruppen –, das künstlich verzögert wird, um eine geordnete Machtübernahme zu sichern. Eindeutig ist der Verweis auf den Tod Francos; die Kritik hat die Verbindungslinie sofort gezogen. Dennoch geht es dem Autor nicht um ein Erfassen dieser Wirklichkeit in ihrem historischen Bezugsrahmen, sondern, getreu den Regeln seiner Komödiendramaturgie, um die dramaturgische Verwirklichung der

»Unwirklichkeit«. Er benutzt seine Standortbestimmung als Abgrenzung gegenüber dem Dokumentartheater. Sie sei im Auszug zitiert:

> »Wer für die Bühne und für die Wirklichkeit die gleiche Wirklichkeit verlangt, wie die heutigen Bühnenideologen [!] etwa, begreift weder Bühne noch Wirklichkeit. Er verwechselt die Wirklichkeit mit der Dramaturgie, indem er diese der Wirklichkeit und der Bühne gleichermaßen unterschiebt. Was die Bühne und die Wirklichkeit wirklich gemeinsam haben, [. . .] liegt in der Unwirklichkeit beider.« (B 24; 11)

Stärker als in den vorangegangenen Texten tritt der Zufall als dramaturgisches Regulativ hier wieder in den Vordergrund. So ist zwar die Manipulation der Zentralfigur, des Regierungschefs »Exzellenz«, in bezug auf das programmierte Sterben des Generalissimus erfolgreich, am Ende aber wird Exzellenz selbst von einem bereits auf sein Geheiß hingerichteten Bauern getötet, und die Macht fällt dem zu, der sie am wenigsten will: dem Arzt Goldbaum, der für eine menschliche Politik eintritt. Die zynische Schlußsentenz von Exzellenz: »Und wenn Sie jetzt nicht unmenschlich werden, wird dieses Land noch unmenschlicher.« (B 24; 115) Dürrenmatt verwendet hier wiederum die für seine Komödien typische zweiteilige Struktur, wobei der erste Teil als breit angelegte Exposition fungiert, der zweite als Durchführung und Vorbereitung der überraschenden Wendung am Ende. Die Ästhetik des Stückes, die der Gegenwart insofern Rechnung trägt, als sie Fernsehen, die Macht der Medien überhaupt und die Möglichkeiten moderner Medizin berücksichtigt, verläßt sich zumeist auf das Stilmittel sprachlicher Verkürzung – wiederum bis an die Grenzen absurder Antikommunikation – und, im Gegensatz dazu, darstellerischen Übersteigerung. In seiner surrealen Karikatur von Personen und Verhältnissen (wie etwa in der Schlußapotheose der Goethes »Faust« parodierenden Greisinnen, die ein hypertrophes aber ohnmächtiges Matriarchat verkörpern), in seiner rein additiven Häufung von Gags und Effekten, tendiert das Stück zur Persiflage der barocken Fürstentragödie. Jene wird im komödiantischen Anstrich zwar formal umgekehrt (es ist ja keineswegs ein *höherer* Wille, der dieses Sterben hinauszögert), ihr Substrat bleibt jedoch erhalten in der Konzentration auf die *eine* Zentralfigur – den sterbenden Generalissimus –, die alle anderen Beteiligten zu bloßen Mitspielern macht. Die Rolle der Duldenden, des Volkes erscheint auch hier nur indirekt, konzentriert in der Person des Bauern Toto, und ohne jede Sympathie oder auch nur quantitative Gewichtsetzung berücksichtigt. Sie vermag kein Gegengewicht zum zynischen

Gleichmut der fußballbesessenen Herrschenden zu bilden. Dialog und Handlung stehen sich in ihrer Heterogenität unversöhnlich gegenüber. Die Reibung, die hieraus resultiert, ist sicherlich intendiert, sie verhindert aber im ganzen jene Einheit und Geschlossenheit der Wirkung, die sich der Autor erhofft haben mag.

Als experimentelle Synthese und zugleich potentielle gegenseitige Infragestellung der Komödiendramaturgie und der kritischen Dramaturgie scheint »Die Frist« einen werkgeschichtlichen Schnittpunkt zu signalisieren. Ob die weitere Entwicklung des Autors auf eine Überwindung beider Positionen hinstrebt, oder ob sie auf der dramaturgischen Objektivierung subjektiver Projektionen beharren wird, muß an dieser Stelle dahingestellt bleiben. Die im September 1977, nach »Die Frist« also, entstandenen »55 Sätze über Kunst und Wirklichkeit« – Bestandteil einer großangelegten dramaturgischen »Trilogie«, die neben dem bislang unveröffentlichten letzten Teil »Stoffe. Zur Geschichte meiner Schriftstellerei« den Israel-Essay und den »Mitmacher-Komplex« beinhalten soll – betonen jedenfalls nach wie vor den subjektiven Charakter von Kunst: »Jedes Kunstwerk ist subjektiv.« (5. Satz; D 26; 20) Darüber hinaus unterstreicht Dürrenmatt noch deutlicher als zuvor die *Möglichkeit* der politischen Wirksamkeit eines Kunstwerks. Er bestreitet allerdings die Programmierbarkeit einer solchen Wirkung und hält damit nach wie vor an einer Trennung von Gesellschaft und Theater fest.

Literatur:

Mona Knapp: »Vetteln, sie lasten dran, Wurf drängt an Wurf hinan«: A Note on Antifeminism in Friedrich Dürrenmatt's *Die Frist*. In: Germanic Notes 11 (1980) 2–4.

15. »Die Panne« (1979)

Dürrenmatts eigene Bühnenbearbeitung der Erzählung »Die Panne« (vgl. S. 39 ff.) wird unter gleichem Titel am 13. 9. 1979 durch das Gastspieltheater Egon Karter im Comödienhaus Wilhelmsbad/Hanau uraufgeführt. Regie führt der Autor. Die Buchveröffentlichung erscheint zur Jahreswende 1979/80.

Die Komödie, die die »Welt als Spiel« (B 25; 12) begreifen möchte, hält an der bewährten zweiteiligen Struktur fest. Im ganzen folgt sie dem Handlungsaufbau der Erzählung, der sich nun jedoch deutlich in eine der Kriminalkomödie verpflichtete Exposition (erster Teil) und die Durchführung des zweiten Teils gliedert. Letztere verläßt sich, hinsichtlich der intendierten Wirkung, sowohl auf hergebrachte Sprach- und Situationskomik als auch auf absurde Verfremdung mittels Masken, des Aneinandervorbeiredens der Akteure und der rhetorischen Anrufung von Gestirnen. Dürrenmatt arbeitet, gegenüber den beiden früheren Fassungen des Stoffes, auf die eindeutige Diskreditierung der Juristentrias und des Henkers hin, somit zugleich auf die Entwertung des von ihnen vertretenen Gerechtigkeitsdenkens: »Anstelle der Notwendigkeit, die das Gericht setzt, ist ein Spiel getreten, anstelle der Gerechtigkeit die gespielte Gerechtigkeit.« (ibid. 11) Der in der Rundfunk- bzw. Erzählfassung problematisierte Begriff einer überholten Gerechtigkeit, der sich spieltechnisch wie ideologiekritisch am Tatbestand einer vermarkteten Welt entwickelte und der dieser unversöhnlich gegenüberstand, fällt der Überarbeitung zum Opfer. Die Darstellung des Schauprozesses als ausschließlich verschrobenes Spiel läßt in der Komödie von vornherein keine Dialektik von Schuld (bzw. der Fähigkeit, Schuld anzunehmen) und der zeitgenössischen Gesellschaft, in der diese Schuld zur Tagesordnung gehört, aufkommen. Traps ist in der Komödie der einzige, der den spielerischen Schauprozeß ernst nimmt. Indem er sich zum Verbrechen bekennt, erlangt er den Status des Außerordentlichen; er fällt gleichsam aus seinem Alltagsschicksal heraus. Zufällig wird er durch Schüsse getötet, die die Zecher in ausgelassen-blasphemischem Taumel auf die »Götter« abfeuern – auf die »wahren Schuldigen« einer ungerechten Welt.

Ästhetisch wie thematisch scheint »Die Panne« an »Die Frist« anzuschließen, indirekt auch an die mit »Der Meteor« eingeleitete Entwicklungsreihe einer bizarr übersteigerten, zur Manier tendierenden Dramaturgie. Die Vermittlung einer Lehre ist kaum beabsichtigt. Als Ausdruck eines völligen Relativismus, dem jetzt auch der für Dürrenmatt vordem bestimmende Begriff einer absoluten Gerechtigkeit unterworfen ist, belegt das Stück die nunmehr vollzogene Trennung von Bühne und Welt, einer Welt, der auch nicht mehr durch die Komödie beizukommen ist.

Mit der in der Folge des Züricher Literaturstreits gehaltenen Rede »Varlin schweigt« (1967; vgl. S. 10 f.) beginnt eine Zeit der intensiven publizistischen Öffentlichkeitsarbeit, die sowohl die dritte Schaffensphase Dürrenmatts (1967–1972) umspannt als auch noch in die späteren siebziger Jahre hineinwirkt. Anläßlich der Besetzung der Tschechoslowakei durch Truppen der Staaten des Warschauer Pakts äußert sich Dürrenmatt im größeren Rahmen zur weltpolitischen Lage: Zusammen mit Peter Bichsel, Max Frisch, Heinrich Böll, Günter Grass und Kurt Marti nimmt er in einer Rede am 8. 9. 1968 im Basler Stadttheater zu den Vorgängen in der ČSSR Stellung. Die entscheidenden Sätze der als Essay veröffentlichten Rede lauten: »Doch der Mensch, der nicht mehr *in* der Natur steht, sondern *gegenüber* der Natur, steht auch *gegenüber* der Politik und nicht mehr *in* der Politik.« (A 7; 121; Hervorhebungen das.)

Dürrenmatt strebt eine Demystifikation der Politik an, ähnlich wie er ihre Mechanismen dann in den Shakespeare-Bearbeitungen und in den neueren Komödien gleichsam theatralisch herauszupräparieren versucht. Seine Verneinung der gesellschaftlichen Totalität, die viel früher schon die gedankliche Grundlage der »Theaterprobleme« gebildet hatte, strebt in der Folge auf eine immer deutlichere Ontologisierung des Künstlerischen an sich hin, das vom Politischen zwar kategorial getrennt erscheint, diesem jedoch vermittels seines Abstraktionsvermögens dramaturgisch beizukommen in der Lage sei. Tatsächlich ist diese Auffassung, die der kritischen Dramaturgie der dritten und vierten Arbeitsphasen zugrunde liegt, nichts anderes als die gedankliche Fortsetzung der ursprünglichen Komödiendramaturgie, nur daß sich jetzt die Bereiche im offenkundigen Bezug aufeinander zugleich schärfer gegeneinander abheben. In den »Gedanken über das Theater« (1970) setzt sich Dürrenmatt dann eingehend mit den Möglichkeiten des zeitgenössischen Theaters auseinander. Seine Formel »Die moderne Welt ist ein Ungeheuer, das mit ideologischen Formeln nicht mehr zu bewältigen ist« (aus der »Dramaturgie des Publikums«; auch in A 7) verweist trotz allen Wortreichtums dieser neuen Standortbestimmung direkt auf die Position der »Theaterprobleme« zurück. Hinzu kommt als neue Komponente des dramaturgisch-politischen Denkens eine immer nachdrücklichere Betonung der Bedeutung des naturwissenschaftlichen Denkens, das Dürrenmatt zwar aus dem Ästhetischen verbannt sehen will (vgl. A 7; 28), dessen *kritischen* Ansatz er jedoch für den künstlerischen Bereich reklamiert.

Neben aktuellen politischen Anlässen – wie in der Rede »Israels Lebensrecht« (17. 6. 1967) – sind es Reisen, an denen sich die zeitgenössische Parteinahme Dürrenmatts entzündet. Das betrifft etwa die »Sätze aus Amerika« (1970), eine Folge von einundneunzig schlaglichtartigen Eindrücken, die zum Aphorismus tendieren und so im Stilistischen eine Geschlossenheit vorgeben, die keineswegs der Heterogenität des Beobachteten entspricht. Als jüngste derartige Stellungnahmen liegen vor: die Rede »Über Toleranz«, die der Autor anläßlich der Verleihung der Buber-Rosenzweig-Medaille am 6. 3. 1977 in Frankfurt hielt und die zur Feier des 100. Geburtstags von Albert Einstein am 24. 2. 1979 in Zürich gehaltene Ansprache »Albert Einstein«. Erstere vermittelt den bislang tiefsten Einblick in die philosophischen Grundlagen Dürrenmatts; vor allem Vaihingers »Philosophie des Als Ob« hat offensichtlich auf seine Gesellschaftskonzeption ebenso stark eingewirkt wie seine Aversion gegen Hegel. Daneben sind in neuerer Zeit Eddingtons und Poppers naturwissenschaftlich-philosophische Einflüsse von Bedeutung. Es ist offensichtlich, daß die von Popper als unmöglich erklärte Verifizierung von Gesetzmäßigkeiten ihren Reflex im dramaturgischen und politischen Skeptizismus Dürrenmatts findet, insbesondere auch im neueren Essaywerk. Das philosophische und naturwissenschaftliche Denken Dürrenmatts ist in hohem Maß eklektisch und – wie seine eigene Theorie – dem Aphoristischen verhaftet. Mißverständnisse und Gemeinplätze sind in Dürrenmatts Philosophierezeption vor allem durch seine Abneigung gegenüber jeder Systematik bedingt. Seine Schlußfolgerung »[. . .] daß uns ein neues Zeitalter der Aufklärung not tut« (A 8; 286) fügt sich bruchlos in die publizistische Tätigkeit seit 1967 ein. Im Einstein-Vortrag setzt er sich ausführlich mit der Rolle des naturwissenschaftlichen Denkens auseinander. Beide Ansprachen sind jeweils kennzeichnend für das Essaywerk, das im folgenden stellvertretend mit den beiden bedeutendsten Texten repräsentiert wird.

a) »Monstervortrag über Gerechtigkeit und Recht« (1968)

Der Anfang 1968 vor Mainzer Studenten gehaltene Vortrag kann als Beitrag Dürrenmatts zur Studentenbewegung gelten. Zugleich greift er ein Thema auf, das seine Werke von den Anfängen an beschäftigt und den dramaturgisch-gesellschaftlichen Denkprozeß durchgehend beeinflußt hat. Der Text erscheint 1969 in Buchform und trägt die Untertitel: »Nebst einem helvetischen Zwischenspiel. Eine kleine Dramaturgie der Politik.« Auf der Basis des Hobbesschen ›Wölfe und Lämmer‹-Spiels entwickelt der Vortrag eine »Dramaturgie« der modernen kapitalistischen Gesellschaftspolitik, auf derjenigen des ›Guter Hirte‹-Spiels die Grundregeln sozialistischer Provenienz. Ein Gleichnis um den Propheten Mohammed, das von verschiedenen Standorten her ausgedeutet wird, leitet über zu der Überzeugung, daß die Welt in beiden Spiellagern »in Unordnung«, weil »ungerecht« sei. Dürrenmatt kontrastiert hier – für die Deutung seines Werks äußerst aufschlußreich – einen *allgemeinen* bzw. *logischen* Gerechtigkeitsbegriff mit der *individuellen* bzw. *existenziellen* »Idee der Gerechtigkeit«. Das sich jeder Kongruenz verweigernde Begriffspaar verharrt in unauflöslichem Gegensatz. Eine moralische Politik jedoch erscheint angesichts der menschlichen Unvernunft undenkbar. Getreu seiner ›antiideologischen‹ Haltung geht Dürrenmatt mit Kapitalismus und »Kommunismus« gleichermaßen hart ins Gericht; letzterer erscheint ihm als »[. . .] ein logisch getarnter Faschismus, ein faschistischer Staat [!] mit einer sozialistischen Struktur« (D 17; 85) Der, wie man dem Zitat schon entnehmen kann, in seiner Begrifflichkeit stellenweise verwirrende Diskurs endet mit einem deutlich an Kant angelehnten Appell zur kollektiven Vernunft, die sich wiederum nur aus der vernünftigen Emanzipation des einzelnen erzielen ließe. Abgesehen vom »helvetischen Zwischenspiel«, das sich gegen den Schweizer Aufruf von 1969 zur »geistigen Landesverteidigung« wendet, enthält der Vortrag keinen direkten Bezugspunkt für eine Bewältigung der Krise, wie sie in Form der Studentenunruhen gerade die westliche Gesellschaftsordnung erfaßt hat. Die dramaturgisch gekonnte Argumentation verdeutlicht in ihrem Rekurs auf die Kategorien idealistischer Philosophie, daß eine Übertragung der Spielregeln der Bühne auf die Politik wohl gesellschaftspolitische Mechanismen im Bild dingfest und die Unversöhnlichkeit gesellschaftlicher bzw. ökonomischer Verhältnisse mit einem ethischen Postulat sichtbar machen kann, daß sie darüber hinaus zur Lösung der elegant und wortreich problematisierten Gegebenheiten aber nichts beizutragen vermag.

b) »Der Sturz« (1971)

Der Stoff der Erzählung hat den Autor seit 1964/65 beschäftigt, offenbar im Zusammenhang mit seiner Reise in die Sowjetunion. Erst 1971 wird »Der Sturz« dann veröffentlicht; nach »Das Versprechen« (1958) erscheint damit nach dreizehn Jahren wieder ein Erzähltext. Thematisch verweist

»Der Sturz« zunächst auf »Frank der Fünfte«, dann auf »König Johann«, in seiner Ästhetik noch deutlicher auf »Play Strindberg«. Im ganzen gehört die Erzählung in den gedanklichen Umkreis der kritischen Dramaturgie wie des »Monstervortrags«. Als ideologischer Deutungsschlüssel heranzuziehen (vgl. Spycher K 17) sind neben »Meine Rußlandreise« (D 8) die »Sätze aus Amerika« (D 20).

»Der Sturz« wird im Klappentext unbegreiflicherweise als »Novelle« klassifiziert. Tatsächlich handelt es sich um eine höchst »dramaturgisch« konzipierte Erzählung, die den vom Zufall ausgelösten Machtwechsel vom Vorsitzenden des »Politischen Sekretariats« A auf seinen Nachfolger D beschreibt. Dürrenmatt geht es nach eigener Angabe nicht um ein bestimmtes Kollektiv in einem lokalisierbaren Staatsgefüge. Dennoch hat man (Spycher) auf die Parallelen zum sowjetischen Politbüro verwiesen bzw. die Nähe ihrer Grundstruktur zu »allen absolutistischen Staats- oder Industrieleitungen« (A. Arnold) betont. Was die Erzählung leistet, ließe sich – analog zur Strategie der kritischen Dramaturgie – als stark verkürzende Enthüllung tatsächlicher oder denkbarer Machtmechanismen bezeichnen: Sie erbringt den Nachweis der Irrationalität einer herrschenden Clique, die, scheinbar im luftleeren Raum und völlig losgelöst von ihrer Basis, ein gespenstisches Eigenleben führt. Im Sprachlichen und durch die übergeordnete Erzählerfunktion werden Denkprozesse freigelegt, deren Gemeinsamkeit die Furcht ist. Das Modell, gleich dem »Mitmacher« in einer nicht näher bestimmten Gegenwart angesiedelt, entbehrt weitgehend der Einbettung in eine wie auch immer geartete gesellschaftliche oder historische Realität und muß folglich als hypothetisch bzw. im Sinne der Komödientheorie als Gegenentwurf verstanden werden. In seiner beliebigen Wiederholbarkeit gesellt es sich zu den »Endspielen«, deren Ästhetik das Ende der Möglichkeiten bewußten Handelns erklärt, indem es der Wirklichkeit den Spiegel ihrer logisch weitergedachten Misere vorhält. Die Möglichkeit, daß Wirklichkeit auch anders sich entwickeln könnte, bleibt der Imagination des Lesers vorbehalten. Vielleicht erklärt sich der geringe Erfolg der Erzählung durch den Umstand, daß Dürrenmatt, wie in seinen neueren Stücken, seinem Leser allein eine These ex negativo zuspielt und ihn, der mit der Antithese auch eine dialektische Überwindung beider zu liefern hätte, derart als Partner in einem über den jeweiligen Befund hinausführenden Wirkungsprozeß überfordert.

c) »Zusammenhänge. Essay über Israel. Eine Konzeption«
(1974–1976)

Im Jahre 1974 wird Dürrenmatt als Gastprofessor an die Ben-Gurion-Universität in Beerschawa berufen. Er hält in Israel eine Reihe von Vorträgen, darunter die geschichtsphilosophische Rede »Zusammenhänge«. Diese verschmilzt in der erst 1976 veröffentlichten »Konzeption« mit den Reiseeindrücken des Autors zu dem bislang umfangreichsten Essay, der zusammen mit dem »Mitmacher-Komplex« und dem seit einiger Zeit vorangekündigten Text »Stoffe. Zur Geschichte meiner Schriftstellerei« eine dramaturgische »Trilogie« bilden soll.

Ausgangspunkt der vierteiligen Betrachtungen ist abermals die Feststellung, daß das Politische sich jeder Systematik entziehe, »[. . .] weil das Politische nicht notwendig, sondern willkürlich geschieht, genauer: aus Pannen und Zufällen, aus unvorhergesehenen Konstellationen heraus« (D 24; 25). Der Politik sei also nur »[. . .] philosophisch, nicht politisch beizukommen« (ibid.). Das Schicksal des Staates bzw. der »Konzeption« Israel wird als stellvertretend für die Menschheitsgeschichte gesehen. Jene ist, wie der zweite Teil ausführt, chaotisch und planlos. Sie läuft in den Mythos über, der am Beispiel des Abu Chanifa und des Anan ben David im dritten Teil einen utopischen Lösungsversuch des realpolitischen Konflikts spielerisch erlaubt. Im vierten Teil schildert Dürrenmatt Reiseeindrücke aus Israel und leitet zu der Schlußfolgerung des Essays über. Das komplexe Aufbauprinzip betont sowohl die Durchlässigkeit der Einzelteile gegeneinander als auch den wechselseitigen Bezug von Gleichnis, Geschichte, Philosophie und Sprachkritik. Als Resultat wird die – noch im »Monstervortrag« als unmöglich gesehene – Übertragung einer »moralischen« Maxime auf die Realpolitik gefordert, die, wenn man so will, Verwirklichung des kategorischen Imperativs in seiner meistzitierten Fassung auf supranationaler Ebene. Dürrenmatts Mißtrauen gegenüber einer gedankliche Zwangsmechanismen begünstigenden Sprache, das sich auch in seinen neuesten Stücken niederschlägt, bezieht nicht nur – das ist zu erwarten – ideologische, sondern auch ästhetische Konzeptionen ein. Hierin liegt der Verweis auf eine nunmehr *philosophisch* untermauerte Erkenntnisunsicherheit, darüber hinaus auch eine nachträgliche Begründung und zugleich Infragestellung der kritischen Dramaturgie, wenn nicht der eigenen künstlerischen Ansätze überhaupt: »Was nach diesen letzten Sprachkonzeptionen bleibt, wäre das Schweigen als Kapitulation vor der Sprache. Nur der kapituliert nicht, der den Glauben an die Sprache als Aberglauben durchschaut.« (D 24; 158) In der Verweigerung gegenüber allen Konzeptionen, so betont Dürrenmatt am Ende, »im Störrischen« manifestiere sich seine Freiheit. Deutlicher noch als dies die Entwicklung des Bühnenwerks zeigt, erweist sich so am Essaywerk ein stetig zunehmender erkenntnistheoretischer Relativismus, der sich der Skepsis Dürrenmatts gegenüber der Geschichte noch zu überlagern scheint.

Jedoch in der Parabel der beiden Patriarchen, im Rekurs auf den Mythos, im Gebrauch des Begriffs »Utopie« deutet sich ein Bezugspunkt außerhalb des Gegenwärtigen an, der über den »Mitmacher-Komplex«, über das invertierte Fürstendrama der »Frist« hinausweisen könnte zu Neuansätzen einer *Dramaturgie der Alternative*. Mit diesen Alternativen befaßt sich Dürrenmatt konkret gesellschaftspolitisch wie auch im Hinweis auf den Glauben, der den Menschen ermächtigt, ohne Furcht zu leben, in seiner Rede »Über Toleranz« (A 8; 290). Ob sie Bestandteil seiner Ästhetik werden, bleibt abzuwarten.

Literatur:

Paul Konrad Kurz: Wölfe und Lämmer. Friedrich Dürrenmatts Dramaturgie der Politik. In: Stimmen der Zeit 95 (1970) 248–258.
François Bondy: Gute Hirten – untereinander. Dürrenmatt: Vom ›Monstervortrag‹ zum Exempel ›Der Sturz‹. In: WeWo v. 27. 8. 1971.
Jean Améry: Friedrich Dürrenmatts politisches Engagement. Anmerkungen zum Israel-Essay »Zusammenhänge«. In: I 4; 41–48.
Peter Spycher: Friedrich Dürrenmatts Essay über Israel: Religiöse Aspekte und persönliche Motive. In: Reformatio 27 (9/1978) 496–505.

Seit rund einem Jahrzehnt haben die Texte Dürrenmatts sowohl beim Theaterpublikum als auch in der Kritik relativ wenig mehr Anklang gefunden. Die einzelnen Abschnitte des vorliegenden Bandes unternehmen den Versuch, an der Darstellung der Entwicklung der Bühnenkonzeptionen den Erfolg wie den Mißerfolg im Reflex auf die jeweilige Erwartungshaltung bzw. ein verändertes Bewußtsein bei Publikum und Kritik zu begründen. Aufführungs- und Auflagenziffern erreichten mit dem »Meteor« einen vorläufig letzten Höhepunkt. Wollte man die Erfolgskurve dieses Werks, wie es bislang vorliegt, nachzeichnen, so ergibt sich mit der Uraufführung des »Mississippi« ein unvermittelter Aufschwung im Jahre 1952, mit den Jahren 1966–67 ein zunächst gradueller, dann um 1970 abrupter Abstieg, in den siebziger Jahren ein statischer Tiefstand. Alles dies ist, wohlgemerkt, nur ein vorläufiges Fazit. Die Entwicklung des Autors Friedrich Dürrenmatt ist keineswegs abgeschlossen, und mit überraschenden Wendungen wird auch in Zukunft zu rechnen sein. Er selbst erklärt die kritisch-zurückhaltende Aufnahme seiner Werke folgendermaßen:

»Für die stets neuen Inhalte muß ich stets neue Formen suchen, ein Umstand, der nicht unproblematisch ist. Ich stelle mich damit gegen das Publikum und die Kritik, die im Grunde keine neuen Experimente wollen, sie wünschen sich ihren Autor unverändert. [. . .] Je ernsthafter Sie nach neuen Formen suchen, je weniger Sie auf Unterhaltung oder, was heute oft das gleiche ist, auf gängige Weltanschauung machen, desto schwieriger haben Sie es mit der Kritik [. . .]« (E 23; 124).

Nun entspricht diese Selbsteinschätzung nicht der oben vertretenen Behauptung, daß Dürrenmatts Komödiendramaturgie wie seine kritische Dramaturgie in den späten sechziger Jahren auf ein gewandeltes Publikumsinteresse stießen, das offenbar einen deutlicher identifizierbaren Bezug zur umgebenden Realität erwartete. Im ganzen jedoch und über die hier skizzierten Ergebnisse hinaus steht bis heute eine rezeptionsgeschichtliche Untersuchung dieser Zusammenhänge auf breiterer Basis aus. Dies ist vielleicht der augenfälligste Mangel auf dem Feld einer keineswegs unfruchtbaren Dürrenmatt-Forschung, die auf anderen Gebieten zu beachtlichen Resultaten gelangt ist. Auch die Voraussetzung jeder Rezeptionsstudie in Form einer systematischen bibliographischen Aufnahme der literarischen Tages- bzw. Theaterkritik fehlt nach wie vor. Die in der vorstehenden Bibliographie unter 4.0 zusammengetragenen Titel können nur eine vorläufige, repräsentative Auswahl bieten. Vor allem ist die Rezeption von Dürrenmatt-Texten auf den Bühnen des Auslands, insbesondere der sozialistischen Länder, weitgehend undokumentiert. Ähnliches betrifft die *innerliterarische* Wirkung. Als sicher kann gelten, daß die groteske Tragikomödie Dürrenmattscher Prägung nicht nur »einen unheilvollen Wirrwarr« (so der Autor in E 23; 127) gestiftet, sondern konkret und nachweislich auf die Bühnenproduktion der Nachkriegsjahrzehnte eingewirkt hat. Den Spuren einer solchen Wirkung nachzugehen wäre eine längst fällige Aufgabe.

Was die Forschungs*mittel* anbetrifft, erschwert der Mangel einer Ausgabe, die einige Verbindlichkeit beanspruchen könnte, den Umgang mit dem Text beträchtlich. Der über Dürrenmatt Arbeitende ist nach wie vor auf die Sammel- und Einzelausgaben des Arche-Verlags angewiesen, ältere Fassungen sind längst vergriffen, die im Handel befindlichen Texte meist oberflächlich redigiert. Verwiesen sei nur auf A 7: ein Sammelsurium ohne erkenntliches gliederndes Prinzip, dessen Einzelstücke allein der Eingeweihte zu identifizieren vermag, da jeder Drucknachweis fehlt. Zum Zeitpunkt des Manuskriptabschlusses des vorliegenden Bandes (November 1979) befindet sich eine Sammelausgabe in 30 Bänden beim Diogenes Verlag (Zürich) in Vorbereitung, die im Januar 1981 ausgeliefert werden soll. Auf bibliographischem Sektor ist die von *Johannes Hansel* erarbeitete Zusammenstellung (G 2) noch immer verbindlich, die eine Mehrzahl von Veröffentlichungen bis 1967 gewissenhaft erfaßt. Eine Neuauflage des seinerzeit bei Gehlen verlegten Bandes ist ein Desiderat. Ergänzend heranzuziehen sind: die Auswahlbibliographie von *Klaus W. Jonas* (G 3) und die Sekundärzusammenstellung des Verfassers (G 4). Im ganzen zu fehlerhaft und damit kaum brauchbar ist die Zusammenstellung von *Winfried Hönes* (G 5). Nach dem 1971 abgeschlossenen Forschungsbericht des Verfassers (H 2) liegt noch immer kein neuerer Forschungsüberblick vor.

Überraschend groß im Vergleich zu anderen zeitgenössischen Autoren ist die Zahl der brauchbaren, informativen *Gesamtdarstellungen*. Unter den Arbeiten, die wissenschaftlichen Anforderungen genügen, ist mit Abstand der Monographie von *Jan Knopf* (K 20) der Vorzug zu geben. Der klar konzipierte, hervorragend geschriebene Band, dessen dritte, überarbeitete Auflage 1980 vorliegt, vermittelt lückenlosen Aufschluß über Biographie, Werkgeschichte und den für jede Beurteilung des Dürrenmattschen Werks unabdingbaren historischen Hintergrund. Die Wertungen Knopfs bleiben, im Gegensatz zum Gros der Forschung, durchweg wohlfundiert und durchlässig in bezug auf den angewandten Maßstab.

Auch die Arbeiten von *Armin Arnold* (K 12) und *Hans Bänziger* (K 1), die sich von vornherein an ein breiteres Leserpublikum wenden, sind unentbehrlich für jede Orientierung. Im Gegensatz hierzu können die Veröffentlichungen *Elisabeth Brock-Sulzers* (K 2; K 11) nur als ärgerlich bezeichnet werden: der apologetische Ton zusammen mit einer Fülle interpretatorischer Fehlurteile blockiert jeden sachlichen Zugang zu den Texten. Hervorzuheben unter den Studien, die sich einer bestimmten Gattung widmen, sind *Peter Spychers* Deutung des Prosawerks (K 17) und *Ulrich Profitlichs* Untersuchung zum Komödienbegriff (K 18). Erstere bleibt trotz der zu ausführlich geratenen Paraphrasen verbindlich, letztere besticht durch die Konturierung gattungsspezifischer Grundstrukturen; beiden gemein ist eine Fülle überzeugender Deutungsperspektiven. *Urs Jenny* (K 7) vermittelt über die lesbare, kluge Interpretation der Bühnenwerke hinaus eine gedrängte, aber anschauliche Dokumentation der Bühnengeschichte. Wenig brauchbar die veraltete Studie von *Murray B. Peppard* (K 14), die inzwischen durch *Timo Tiusanens* äußerst ergiebige, solide Monographie (K 21) abgelöst wurde, die bestfundierte Arbeit zum Thema in englischer Sprache. Im größeren Rahmen einer Exemplardramaturgie der Moderne betrachtet *Gerhard Neumann* (K 13) Dürrenmatt, material- und aufschlußreicher *Manfred Durzak* (K 15). Wichtig noch immer für eine epochengeschichtliche Einordnung die Studie von *Joseph Strelka* (K 3). Unter den übergreifenden Betrachtungen seien stellvertretend nur genannt: *Marianne Kesting* (M 38), die eine Einordnung der Dramen im Gesamtkontext der zeitgenössischen Theaterproduktion vornimmt, und *Thorbjörn Lengborn* (L 56), dessen Untersuchung den Weg ebnen könnte für eine nähere Erforschung der gesellschaftlichen Ansätze.

Die überaus fruchtbare Dürrenmatt-Forschung hat bislang relativ wenige *Sammelbände* vorgelegt. Neben dem veralteten, von vornherein allzu heterogenen »Unbequemen Dürrenmatt« (I 1), der besonders im angelsächsischen Raum noch fleißig zitiert wird, existiert als größere Studiensammlung allein I 3, daneben die anregend-unsystematische Blütenlese *Hans Mayers* (I 5). Konzeptionslos aber wichtig als Fundgrube einer Handvoll guter Arbeiten sind die ›Text + Kritik‹-Anthologien (I 2; I 4), denen man eine sorgfältigere Redaktion gewünscht hätte. Eine von *Gerd M. Labroisse* und vom Verfasser redigierte Studiensammlung, die neue Beiträge zu Dürrenmatt-Texten vorstellen wird, erscheint 1981 beim Verlag Peter Lang (Bern) unter dem Titel ›Facetten‹.

Es fehlt der Raum, auf Detailergebnisse im einzelnen Bezug zu nehmen. Einige wenige Aspekte seien jedoch erwähnt. Größten-

teils noch Neuland ist die Klärung der philosophischen und literarischen Einflüsse, die Dürrenmatts Werk in seinen verschiedenen
Entwicklungsstadien prägten. Besonders im Hinblick auf die
essayistischen Texte, die einen gewissen philosophischen Anspruch
erheben, und die teilweise darin aufgegangenen naturwissenschaftlichen Positionen fehlt noch jede weiterreichende Analyse. Weitgehend unerforscht ist auch das neuere Werk der Jahre seit 1972. Der
Mangel an literaturwissenschaftlichem Erkenntnisinteresse scheint
dabei in direkter Relation zur Ablehnung der Tageskritik gegenüber den neuen Texten zu stehen. Weitaus besser bestellt ist es um
die Erforschung dramaturgischer Leitlinien und die Erarbeitung
verläßlicher Zugänge zur Komödientheorie bis hin in die späten
sechziger Jahre. Hier kann sich jede weiterführende Arbeit u. a. auf
die grundlegenden Studien von *Allemann* (M 36), *Profitlich* (M 42),
Buddecke (M 46), *Kurzenberger* (M 55), *Pulver* (M 58) und
Pestalozzi (M 63) stützen. Aufzuarbeiten wären die kritische Dramaturgie und die verschiedenen Ansätze der siebziger Jahre, ebenfalls die Zusammenhänge zwischen dem literarischen Werk und der
jetzt in F 1 zugänglichen zeichnerischen und bildnerischen Produktion. Die Frage nach den Grundlagen der Dürrenmattschen Ästhetik (vgl. *Knopf* L 66) und, ihr unmittelbar verbunden, der Komplex
einer Analyse und Deutung der gesellschaftskritischen Ansätze
bedürften vordringlich der weiteren Untersuchung. Allzu lange hat
man sich, im Hinblick auf erstere, mit einer oft unfruchtbar
isolierenden Diskussion des Phänomens des Grotesken begnügt (L
23; L 30; L 35 u. a. m.) und dabei die ideologiekritischen Positionen
des Autors – die ja wiederum in einer bestimmten Ideologie wurzeln – ebenso aus dem Blick verloren wie seinen vielerorts direkt in
die Ästhetik hineinwirkenden Geschichts- und Gesellschaftspessi-
mismus. Auch dieser wäre auf seine historischen bzw. geistigen
Ursprünge näher zu befragen. Unbegreiflicherweise, dies ein letzter Hinweis, ist die didaktische Annäherung an Dürrenmatt-Texte
im ganzen über bescheidene Versuche (M 9; M 40 u a.) kaum
hinausgelangt. Dies erstaunt um so mehr, da Dürrenmatt seit
Jahrzehnten zum Lektürekanon der höheren Schulen gehört.

So läßt sich aus dem bis an die Grenze des Zulässigen verkürzenden Überblick zum einen ableiten, daß Gesamtdarstellungen und
Detailstudien von beträchtlichem Gewicht vorliegen. Zum anderen
aber, daß das Erkenntnisinteresse, bei aller scheinbaren Streuung,
vielfach auf an sich isolierte Fragenbereiche konzentriert blieb, die
der Stellung dieses Werks im größeren literarischen und gesellschaftlichen Kontext kaum gerecht werden. Es steht zu hoffen, daß
die derzeitige Stille, wie sie um Dürrenmatts Arbeiten herrscht,

eine neue Phase der sachlich-engagierten Beschäftigung mit dem Werk einleitet.

VII. Auswahlbibliographie

Weitere Literaturangaben zu Einzeltexten finden sich im Anschluß an die jeweiligen Kapitel bzw. Unterabschnitte.

1.0. Ausgaben

1.1. Sammelausgaben (A)

A 1   Komödien I. Zürich 1957 u. ö. [»Romulus der Große«, »Die Ehe des Herrn Mississippi«, »Ein Engel kommt nach Babylon«, »Der Besuch der alten Dame«].

A 2   Komödien II und frühe Stücke. Zürich 1964 u. ö. [»Es steht geschrieben«, »Der Blinde«, »Frank der Fünfte«, »Die Physiker«, »Herkules und der Stall des Augias«].

A 3   Komödien III. Zürich 1972 u. ö. [»Der Meteor«, »Die Wiedertäufer«, »König Johann«, »Play Strindberg«, »Titus Andronicus«].

A 4   Gesammelte Hörspiele. Zürich 1961 u. ö. [»Der Doppelgänger«, »Der Prozeß um des Esels Schatten«, »Nächtliches Gespräch mit einem verachteten Menschen«, »Stranitzky und der Nationalheld«, »Herkules und der Stall des Augias«, »Das Unternehmen der Wega«, »Die Panne«, »Abendstunde im Spätherbst«].

A 5   Die Stadt. Prosa I–IV. Zürich 1952 u. ö. [»Weihnacht«, »Der Folterknecht«, »Der Hund«, »Das Bild des Sysiphos«, »Der Theaterdirektor«, »Die Falle«, »Die Stadt«, »Der Tunnel«, »Pilatus«].

A 6   Theater – Schriften und Reden. Hg. v. Elisabeth Brock-Sulzer. Zürich 1966.

A 7   Dramaturgisches und Kritisches. Theater – Schriften und Reden II. Zürich 1972.

A 8   Lesebuch. Zürich 1978. [Enthält:»Dürrenmatt über Dürrenmatt«, »Weihnacht«, »Der Sohn«, »Die Wurst«, »Der Tunnel«, »Abu Chanifa und Anan ben David«, »Nachrichten über den Stand des Zeitungswesens in der Steinzeit«, »Mister X macht Ferien«, »Herkules und der Stall des Augias (Entwurf zum Hörspiel)«, »Stranitzky und der Nationalheld«, »Die Frist«, »Erzählung von CERN«, »Über Toleranz«, »Notizen zu Hans Falk«, »Das Ende einer Geschichte«].

A 9   Das dramatische Werk in 17 Bdn.; Das Prosawerk in 13 Bdn. Zürich 1981.

1.2. Einzelausgaben

Berücksichtigt werden nur deutschsprachige Ausgaben, diese wiederum nur in sinnvoller Auswahl. Dürrenmatt-Texte wurden in alle Weltsprachen übersetzt, darüber hinaus in Afrikaans, Finnisch, Tschechisch, Ungarisch etc. Eine Aufstellung ist an dieser Stelle nicht möglich.

1.2.1. Bühnentexte und Hörspiele (B)

B 1   Es steht geschrieben. Mit 6 Zeichnungen v. Autor. Basel 1947; Zürich 1959.

B 2   Der Blinde. Berlin 1947; Zürich 1960.

B 3   Romulus der Große. Eine ungeschichtliche historische Komödie in 4
       Akten. [Zürich 1949]; Basel 1956; [2. Fssg. 1957] Zürich 1958; [3.
       Fssg. 1961] 1961; [4. Fssg. 1963] 1964.
B 4   Nächtliches Gespräch mit einem verachteten Menschen. (Ein Kurs
       für Zeitgenossen). Zürich 1957; [Bühnenfssg.] 1958. Sprechplatte,
       vom Dichter selbst gesprochen, Zürich 1963 (Disco-Club).
B 5   Die Ehe des Herrn Mississippi. Eine Komödie in 2 Teilen. Zürich
       1952; [2. Fssg.] 1957; [3. Fssg.] 1964. Filmversion 1961 [Drehbuch
       erschien m. d. Bühnenfassung. Zürich 1961]; [4. Fssg.] 1970.
B 6   Ein Engel kommt nach Babylon. Eine Komödie in 3 Akten. Zürich
       1954; [2. Fssg.] 1958.
B 7   Herkules und der Stall des Augias. Mit Randnotizen eines Kugel-
       schreibers. Zürich 1954; 1960; [2. Fssg.] 1963. Schallplatte (Deutsche
       Grammophon-Ges. Nr. 43 013) 1957.
B 8   Der Besuch der alten Dame. Eine tragische Komödie. Zürich 1956.
       Filmversion 1964.
B 9   Die Panne. Eine noch mögliche Geschichte. Zürich 1956. Fernseh-
       spiel 1959. Bühnenfassung [J. Yaffe: The Deadly Game] 1960.
B 10 Der Prozeß um des Esels Schatten. Ein Hörspiel nach Wieland – aber
       nicht sehr. Zürich 1956; 1958.
B 11 Abendstunde im Spätherbst. Ein Hörspiel. Zürich 1959. Vorabdruck
       in: AZ 4 (1957) 194–216.
B 12 Stranitzky und der Nationalheld. Ein Hörspiel. Zürich 1959. Vorab-
       druck in: Hörspielbuch 4. Frankfurt 1953.
B 13 Das Unternehmen der Wega. Ein Hörspiel. Zürich 1958; [2. Fssg.]
       1969. Vorabdruck in: Hörspielbuch 6. Frankfurt 1955.
B 14 Der Doppelgänger. Ein Spiel. Zürich 1960.
B 15 Frank der Fünfte. Oper einer Privatbank. Musik v. Paul Burkhard.
       Zürich 1960.
B 16 Die Physiker. Eine Komödie in 2 Akten. Zürich 1962. Fernsehspiel
       1963.
B 17 Der Meteor. Eine Komödie in 2 Akten. Zürich 1966. Fernsehspiel i.
       gl. Jahr.
B 18 Die Wiedertäufer. Eine Komödie in 2 Teilen. Zürich 1967.
B 19 König Johann. Nach Shakespeare. Zürich 1968.
B 20 Play Strindberg. Totentanz nach August Strindberg. Zürich 1969.
B 21 Titus Andronicus. Eine Komödie nach Shakespeare. Zürich 1970.
B 22 Porträt eines Planeten. Zürich 1971.
B 23 Der Mitmacher. Ein Komplex [. . .] Zürich 1976.
B 24 Die Frist. Eine Komödie. Zürich 1977.
B 25 Die Panne. Komödie. Zürich (= Diogenes Taschenbuch 209) 1979.

1.2.2. Erzähltexte (C)
Vgl. A 5; A 8; B 23.
C 1   Der Alte. In: Bund (Bern) 25. 3. 1945.
C 2   Pilatus. Olten 1949; Zürich 1963.
C 3   Der Nihilist [= Die Falle, A 5]. Horgen-Zürich 1950. Als: Die Falle.
       Zürich 1966.

C 4 Der Theaterdirektor. In: A 5. Ebenfalls in: Querschnitte 1, Nr. 3 v.
1. 11. 1963; S. 14 f.
C 5 Der Tunnel. In: A 5. Buchausg. Zürich 1964. Auch in: Benno von
Wiese (Hg.): Deutschland erzählt [. . .] Frankfurt/M. 1969; S.
249–256.
C 6 Der Richter und sein Henker. In: Der Schweizerische Beobachter 24,
Nr. 23 v. 15. 12. 1950 bis 25, Nr. 6 v. 31. 3. 1951. Buchausg.
Einsiedeln 1952; ²1957. Reinbek (= rororo Tb. 150) 1955. Hörspiel
1957, ebenfalls Fernsehspiel und Filmversion.
C 7 Der Verdacht. In: Der Schweizerische Beobachter 25, Nr. 17 v. 15.
9. 1951 bis 26, Nr. 4 v. 29. 1. 1952. Buchausg. Einsiedeln 1953.
Reinbek (= rororo Tb. 448) 1961.
C 8 Grieche sucht Griechin. Eine Prosakomödie. Zürich 1955. Frank-
furt/M. (= Ullstein Tb. 199) 1958. Filmversion 1966.
C 9 Die Panne. Eine noch mögliche Geschichte. Zürich 1956; ²1959.
C 10 Im Coiffeurladen. In: NZZ v. 21. 4. 1957.
C 11 Das Versprechen. Requiem auf den Kriminalroman. Zürich 1958
[nach dem Filmskript: Es geschah am hellichten Tag v. Febr. 1958].
C 12 Das Bild des Sysiphos. In: A 5. Buchausg. Zürich 1968.
C 13 Der Sturz. Zürich 1971.
C 14 Smithy. Eine Novelle. In: B 23; 202–227.
C 15 Das Sterben der Pythia. Erzählung. In: B 23; 238–275.

1.2.3. Essayistische und theoretische Schriften (D)
Vgl. A 6; A 7; B 23.
D 1 Theaterprobleme. Nach dem Manuskript eines Vortrages. Zürich
1955; 1958.
D 2 Wir können das Tragische aus der Komödie heraus erzielen. In: AZ 4
(1957) 251–253.
D 3 Hörspielerisches. Anmerkungen aus der Werkstatt. In: WeWo v. 12.
12. 1958.
D 4 Friedrich Schiller. Eine Rede. In: AZ 7 (1960) 13–25. Ebenfalls in:
Schiller. Reden im Gedenkjahr 1959; S. 37–52. Ebenfalls: Zürich
1960.
D 5 Der Rest ist Dank. Zwei Reden von F. D. und Werner Weber.
Zürich 1961; S. 27–32.
D 6 Bewältigung der Welt durch Sprache. Ein Selbstporträt. In: Welt und
Wort 17 (1962) 371 f.
D 7 Die Heimat im Plakat. Ein Buch für Schweizer Kinder. Zürich 1963.
D 8 Meine Rußlandreise. In: Zürcher Woche v. 10. 7., 17. 7., 24. 7. 1964
(I., II., III. Teil).
D 9 Israels Lebensrecht. In: WeWo v. 23. 6. 1967.
D 10 Varlin schweigt. Rede anläßlich der Verleihung des Zürcher Kunst-
preises [9. 12. 1967]. In: WeWo v. 15. 12. 1967. Ebenfalls in: StZ 26
(1968) 88–93.
D 11 Roberto Bernhard (Hg.): Alemannisch – welsche Sprachsorgen und
Kulturfragen. M. Beitr. v. F. D. u. Alfred Richli. Frauenfeld 1968.

D 12 Anmerkung zur Komödie. In: SuF 20 (1968) 252–255.

D 13 Ist der Film eine Schule für Schriftsteller? Versuch, eine Kritik zu überdenken. In: WeWo v. 12. 1. 1968.

D 14 Tschechoslowakei 1968. [Reden v. F. D., Peter Bichsel, Max Frisch, Günter Grass u. Kurt Marti am 8. 9. 1968 im Stadttheater Basel]. Zürich 1968.

D 15 Für eine neue Kulturpolitik. In: ZW-Sonntags-Journal v. 1./2. 11. 1969.

D 16 Ich bin Schweizer. In: ZW-Sonntags-Journal v. 29./30. 11. 1969.

D 17 Monstervortrag über Gerechtigkeit und Recht nebst einem helvetischen Zwischenspiel. Eine kleine Dramaturgie der Politik. Zürich 1969.

D 18 Varlin. Der Maler Varlin und sein Werk. Hg. v. Hugo Loetscher [. . .]. Zürich 1969.

D 19 Gedanken über das Theater: Dramatik als Fiktion. In: ZW-Sonntags-Journal v. 29./30. 4. 1970.

D 20 Sätze aus Amerika. Zürich 1970.

D 21 Kafka and the News. In: New York Times v. 11. 7. 1971.

D 22 Israel. Eine Rede. Zürich 1975.

D 23 Sätze über das Theater. In: I 2; 1–18.

D 24 Zusammenhänge. Essay über Israel. Eine Konzeption. Zürich 1976.

D 25 Dramaturgie des Labyrinths. In: I 4; 1–7.

D 26 55 Sätze über Kunst und Wirklichkeit. In: I 4; 20–22.

D 27 Albert Einstein. Ein Vortrag. Zürich (= Diogenes TB 213) 1979.

1.2.4. Interviews, Autorengespräche (E)

E 1 *anon.:* Friedrich Dürrenmatt. Frage: Gibt es einen spezifisch schweizerischen Stoff, der gestaltet werden müßte? In: WeWo v. 18. 1. 1957.

E 2 *Josef Stryck:* Mörder mit der Freiheit zum Verbrechen. Interview mit F. D. In: Der Mittag v. 22. 10. 1960.

E 3 *Ernst Schumacher:* Interview mit F. D. Das Drama als Parabel und Störmanöver. In: Deutsche Woche v. 18. 1. 1961.

E 4 *ders.:* PANORAMA – Gespräch mit dem Schweizer Dramatiker. In: Panorama 5 (1/1961) 5.

E 5 *Ludwig Mennel:* Dürrenmatt sagt: Der Stoff diktiert die Moral. In: Das Schönste 7 (11/1961) 78–82.

E 6 *Curt Riess:* Dürrenmatt. Eine Welt auf der Bühne. Interview. In: WeWo v. 23. 2. 1962.

E 7 *Horst Bienek:* Arbeiten zu Hause. In: NZZ v. 11. 3. 1962. Ebenfalls in: H. B.: Werkstattgespräche mit Schriftstellern. München 1962; [2]1965; 120–136.

E 8 *Eberhard von Wiese:* Gespräche mit D. In: Volksbühnenspiegel 9, Nr. 3, 1963.

E 9 *anon.:* Gespräch mit D. In: SuF 18 (1966) 218–232.

E 10 *Alfred A. Häsler:* Gespräch zum 1. August mit F. D. In: ex libris 8 (Aug. 1966) 9–21.

E 11 *anon.:* Entwurf zu einem neuen Theater. Gespräch mit F. D. In: WeWo v. 7. 7. 1967.

E 12 *Rainer Litten:* Dürrenmatts Team-Theater. Ein Gespräch mit dem Schweizer Dramatiker. In: Christ und Welt v. 8. 12. 1967.

E 13 *Siegfried Melchinger:* Wie schreibt man böse, wenn man gut lebt? Ein Gespräch mit F. D. In: NZZ v. 1. 9. 1968.

E 14 *Artur Joseph:* . . . weshalb man ein Drama schreibt. Ein Gespräch mit F. D. In: SDZ v. 8./9. 2. 1969.

E 15 *Rainer Litten:* Wir haben zuviel Theater. Gespräch mit D.: Eine wissenschaftlich-kritische Kulturrevolution ist nötig. In: Christ und Welt v. 31. 10. 1969.

E 16 *ders.:* Zurück zum Theater. F. D. inszeniert den Urfaust in Zürich. In: Christ und Welt v. 23. 10. 1970.

E 17 *Peter Rüedi:* Menschlicher Urfaust [. . .] In: ZW-Sonntags-Journal v. 24./25. 10. 1970.

E 18 *Violet Ketels:* F. D. at Temple University. Interview. In: Journal of Modern Literature 1 (1971) 88–108.

E 19 *Gertrud Simmerding* u. *Christof Schmid* (Hg.): Literarische Werkstatt. München 1972 [Gespräch m. F. D. S: 9–18].

E 20 *Peter André Bloch* u. *Edwin Hubacher* (Hg.): Der Schriftsteller in unserer Zeit. Schweizer Autoren bestimmen ihre Rolle in der Gesellschaft. Eine Dokumentation zu Sprache und Literatur in der Gegenwart. Bern 1972 [zu D.: 36–50].

E 21 *anon.:* Der Schriftsteller muß experimentieren. Gespräch m. F. D. In: SDZ v. 7. 12. 1972.

E 22 *Dieter Bachmann:* Das Theater leidet unter Lebensangst. D. B. spricht mit F. D. über Theater, Theaterprobleme und Kulturpolitik. In: WeWo v. 20. 3. 1974.

E 23 *Peter André Bloch* [Gespräch mit F. D.]. In: P. A. B. (Hg.): Gegenwartsliteratur. Mittel und Bedingungen ihrer Produktion [. . .]. Bern 1975 [zu D. S: 122–132].

E 24 *Heinz Ludwig Arnold:* F. D. im Gespräch mit H. L. A. Zürich 1976.

E 25 *Dieter Fringeli:* Nachdenken mit und über F. D. Ein Gespräch. Breitenbach [1978].

1.2.5. Malerei (F)
Vgl. D 7; K 2.

F 1 *Christian Strich* (Hg.): Dürrenmatt. Bilder und Zeichnungen. [. . .] Zürich 1978.

2.0. Bibliographien und Forschungsberichte

2.1. Bibliographien (G)

G 1 *Elly Wilbert-Collins:* A Bibliography of Four Contemporary German-Swiss Authors. F. D., Max Frisch, Robert Walser, Albin Zollinger [. . .] Bern 1967.

G 2 *Johannes Hansel:* Friedrich-Dürrenmatt-Bibliographie. Bad Homburg 1968.

G 3   *Klaus W. Jonas:* Die Dürrenmatt-Literatur (1947–1967). In: Börsen-
blatt f. d. Dt. Buchhandel 24, Nr. 59 (23. 7. 1968) 1725–1738.
G 4   *Gerhard P. Knapp:* Bibliographie der wissenschaftlichen Sekundärli-
teratur. In: I 3; 257–268.
G 5   *Winfried Hönes:* Bibliographie zu Friedrich Dürrenmatt. In: I 2;
93–108.

2.2. Forschungsberichte (H)

H 1   *Gerhard P. Knapp:* Friedrich Dürrenmatt. Ein Forschungsbericht.
In: ZfG 12 (1972) 204–226.
H 2   *ders.:* Wege und Umwege. Ein Forschungsbericht. In: I 3; 19–43.

3.0. Sekundärliteratur
3.1. Sammelbände (I)
Die wichtigeren Beiträge werden im folgenden einzeln verzeichnet.
I 1   Der unbequeme Dürrenmatt. Mit Beiträgen v. *Gottfried Benn, Elisa-*
beth Brock-Sulzer, Fritz Buri, Reinhold Grimm, Hans Mayer, Wer-
ner Oberle. Basel (= Theater unserer Zeit 4) 1962.
I 2   Text + Kritik 50/51: Friedrich Dürrenmatt I. München 1976.
I 3   *Gerhard P. Knapp* (Hg.): Friedrich Dürrenmatt. Studien zu seinem
Werk. Heidelberg (= Poesie und Wissenschaft 33) 1976.
I 4   Text + Kritik 56: Friedrich Dürrenmatt II. München 1977.
I 5   *Hans Mayer:* Über Friedrich Dürrenmatt und Max Frisch. Pfullingen
1977 [erw. Neuaufl. v.: Dürrenmatt und Frisch. Anmerkungen.
Pfullingen (= Opuscula 4) 1963;   ²1965].

3.2. Gesamtdarstellungen und umfassende Gattungsdarstellungen (K)
K 1   *Hans Bänziger:* Frisch und Dürrenmatt. Bern 1960;   ⁶1971.
K 2   *Elisabeth Brock-Sulzer:* Friedrich Dürrenmatt. Stationen seines Wer-
kes [. . .] Zürich 1960;   ⁴1973.
K 3   *Joseph Strelka:* Brecht – Horváth – Dürrenmatt. Wege und Abwege
des modernen Dramas. Wien 1962.
K 4   *Edward Diller:* Die literarische Entwicklung Friedrich Dürrenmatts.
Middlebury College (= Phil. Diss.) 1963.
K 5   *Peter Wyrsch:* Die Dürrenmatt-Story. In: Schweizer Illustrierte v.
18. 3. 1963 bis 22. 4. 1963 (Nr. 12: S. 23–25, 32; Nr. 13: S. 23–25; Nr.
14: S. 23–25; Nr. 15: S. 23–25; Nr. 16: S. 37–39; Nr. 17: S. 37–39).
K 6   *Christian M. Jauslin:* Friedrich Dürrenmatt. Zur Struktur seiner
Dramen. Zürich 1964.
K 7   *Urs Jenny:* Friedrich Dürrenmatt. Velber (= Friedrichs Dramatiker
des Welttheaters 6) 1965;   ⁵1973.
K 8   *Anneliese Kulhanek:* Die dramatische Technik Friedrich Dürren-
matts. Wien (= Phil. Diss.) 1965.
K 9   *Vera Sheppard:* Friedrich Dürrenmatt. The Playwright and His
Plays. Univ. of Wisconsin (= Phil. Diss.) 1965.
K 10 *Nephi Georgi:* Friedrich Dürrenmatt. Berner Geist versus Zeitgeist.
Univ. of Utah (= Phil. Diss.) 1966.
K 11 *Elisabeth Brock-Sulzer:* Dürrenmatt in unserer Zeit. Eine Werkinter-
pretation nach Selbstzeugnissen. Basel 1968;   ²1971.

K 12 *Armin Arnold:* Friedrich Dürrenmatt. Berlin (= Köpfe des 20. Jahhunderts 57) 1969; [4]1979.

K 13 *G. Neumann, J. Schröder, M. Karnick:* Dürrenmatt, Frisch, Weiss. Drei Entwürfe zum Drama der Gegenwart [. . .] München 1969 [zu D. v. *Gerhard Neumann* S: 27–59].

K 14 *Murray B. Peppard:* Friedrich Dürrenmatt. New York (= Twayne's World Authors Series 87) 1969.

K 15 *Manfred Durzak:* Dürrenmatt, Frisch, Weiss. Deutsches Drama der Gegenwart zwischen Kritik und Utopie. Stuttgart 1972; [3]1978.

K 16 *Konstantin Ilijew:* Zur Struktur der dramatischen Werke Friedrich Dürrenmatts. Unter besonderer Berücksichtigung seines Schaffens in den fünfziger Jahren. Berlin (= Phil. Diss. Humboldt-Univ.) 1972.

K 17 *Peter Spycher:* Friedrich Dürrenmatt. Das erzählerische Werk. Frauenfeld 1972.

K 18 *Ulrich Profitlich:* Friedrich Dürrenmatt. Komödienbegriff und Komödienstruktur. Eine Einführung. Stuttgart (= Sprache und Literatur 86) 1973.

K 19 *ders.:* Friedrich Dürrenmatt. In: Benno von Wiese (Hg.): Deutsche Dichter der Gegenwart [. . .] Berlin 1973; 497–514.

K 20 *Jan Knopf:* Friedrich Dürrenmatt. München (= Autorenbücher 3) 1976; [3]1980.

K 21 *Timo Tiusanen:* Dürrenmatt. A Study in Plays, Prose, Theory. Princeton 1977.

3.3. Arbeiten mit übergreifender Thematik (L)

L 1 *Erich Brock:* Die neueren Werke Friedrich Dürrenmatts. In: SR N.F. 21 (1953/54) 681–685.

L 2 *Karl August Horst:* Notizen zu Max Frisch und Friedrich Dürrenmatt. In: Merkur 8 (1954) 592–596.

L 3 *Wilfried Berghahn:* Dürrenmatts Spiel mit den Ideologien. In: Frankfurter Hefte 11 (1956) 100–106.

L 4 *Erwin Leiser:* Den fromme nihilisten [. . .] In: Bonniers litterära magasin 25 (1956) 123–128.

L 5 *Walter Jens:* Friedrich Dürrenmatt. In: Mannheimer Hefte Nr. 1, 1959, 47 f.

L 6 *anon.:* Dürrenmatt. Zum Henker. In: Der Spiegel 13, Nr. 28 v. 8. 7. 1959; 43–52.

L 7 *Claus Helmut Drese:* Friedrich Dürrenmatt. In: Eckart 28 (1959) 385–388.

L 8 *Edward Diller:* Aesthetics and the Grotesque. Friedrich Dürrenmatt. In: Wisconsin Studies in Contemporary Literature 7 (1960) 328–335.

L 9 *Piero Raffa:* Dal studi sul realismo. Dürrenmatt ovvero Brecht più Adorno (senza Lukács). In: La Nuova Corrente 18 (1960) 25–54.

L 10 *Raymonde Temkine:* Friedrich Dürrenmatt. In: Lettres Nouvelles 8 (Okt. 1960) 140–145.

L 11 *Jean-Paul Weber:* Friedrich Dürrenmatt ou la quête de l'absurde. In: Le Figaro littéraire Nr. 15 v. 10. 9. 1960.

L 12 *Reinhold Grimm:* Paradoxie und Groteske im Werk Friedrich Dür-
renmatts. In: GRM N.F. 11 (1961) 431–450. Ebenfalls in: I 1; 71–96.
Ebenfalls in: R. G.: Strukturen. Essays zur deutschen Literatur.
Göttingen 1963; 44–72; 353 f.

L 13 *Robert B. Heilman:* The Lure of the Demonic. James and Dürrenmatt. In: Comparative Literature 13 (1961) 346–357.

L 14 *Peter Johnson:* Grotesqueness and Injustice in Dürrenmatt. In: GLL
15 (1961) 264–273.

L 15 *Curt Riess:* The Shocking World of Friedrich Dürrenmatt. In:
Esquire 55 (5/1961) 118–120.

L 16 *C. Edward Carrier:* The Comedy of Death in the Early Plays of
Dürrenmatt. Indiana Univ. (= Phil. Diss.) 1962.

L 17 *Donald G. Daviau:* Justice in the Works of Friedrich Dürrenmatt.
In: KFLQ 9 (1962) 181–193.

L 18 *Werner Oberle:* Grundsätzliches zum Werk Friedrich Dürrenmatts.
In: I 1; 9–29.

L 19 *Josef Scherer:* Der mutige Mensch. Versuch einer Deutung von
Friedrich Dürrenmatts Menschenbild. In: Stimmen der Zeit 169
(1962) 307–312.

L 20 *Elisabeth Brock-Sulzer:* Friedrich Dürrenmatt. In: Der Monat 15
(1963) 56–60.

L 21 *Iole Cervani:* Aspette del grottesco in Friedrich Dürrenmatt. Trieste
1963.

L 22 *Nigel Dennis:* Fun with Fission. In: Encounter 20 (1963) 56–58.

L 23 *Harold O. Dyrenforth:* The Paradox and the Grotesque in the Work
of Friedrich Dürrenmatt. Univ. of Southern California (= Phil.
Diss.) 1963.

L 24 *Hildegard Emmel:* Fülle der Möglichkeiten: Friedrich Dürrenmatt.
In: H. E.: Das Gericht in der deutschen Literatur des 20. Jahrhunderts. Bern 1963; 151–168.

L 25 f11Wilhelm Jacobs: Friedrich Dürrenmatt. In: W. J.: Moderne
deutsche Literatur [. . .] Gütersloh (= Signum-Tb. 217) 1963;
118–127.

L 26 *Günter Waldmann:* Friedrich Dürrenmatt. In: *Paul Dormagen*
(Hg.): Handbuch zur modernen Literatur im Deutschunterricht.
Frankfurt/M. 1963; 310–317.

L 27 *Edward Diller:* Human Dignity in a Materialistic Society. Friedrich
Dürrenmatt and Bertolt Brecht. In: MLQ 25 (1964) 451–460.

L 28 *Jürgen Kuczynski:* Friedrich Dürrenmatt – Humanist. In: NDL 12 (8/
1964) 59–90; (9/1964) 35–55.

L 29 *Jean C. Marrey:* Un nihilisme comfortable. In: Mercure de France
351 (1964) 539–542.

L 30 *Volkmar Sander:* Form und Groteske. In: GRM N.F. 14 (1964)
303–311.

L 31 *Giselda Mendes dos Santos:* Introducão à obra de Friedrich Dürrenmatt. São Paulo (= Universidade de São Paulo. Cadeira de Língua e
Literatura Alema. Série Textos Modernos 2) 1965.

L 32 *Armin Arnold:* Friedrich Dürrenmatt und Mark Twain. Zur Methode der vergleichenden Interpretation. In: Actes du IVe Congrès de l'Assn. Intern. de Litt. Comp. 1966; 1097–1104.

L 33 *Pierre Furter:* Le théâtre politique de Bertolt Brecht à Friedrich Dürrenmatt. In: Revista do livro 29/30 (1966) 38–49.

L 34 *Robert E. Helbling:* The Function of the ›Grotesque‹ in Dürrenmat. In: Satire Newsletter 4 (1966) 11–19.

L 35 *Erich Kühne:* Satire und groteske Dramatik. Über weltanschauliche und künstlerische Probleme bei Dürrenmatt. In: WB 12 (1966) 539–565.

L 36 *Veronika Mayen:* Das Problem des Todes im Werk Friedrich Dürrenmatts bis zu dem Drama ›Herkules und der Stall des Augias‹. Hamburg (= Phil. Diss.) 1966.

L 37 *Nina S. Pawlowa:* Theater und Wirklichkeit. Über das Schaffen von Friedrich Dürrenmatt. In: Kunst und Literatur. Sowjetwissenschaft 14 (1966) 76–86.

L 38 *Edward Diller:* Friedrich Dürrenmatt's Theological Concept of History. In: GQ 40 (1967) 363–371.

L 39 *Karl Pestalozzi:* Friedrich Dürrenmatt. In: *Otto Mann* und *Wolfgang Rothe* (Hg.): Deutsche Literatur im 20. Jahrhundert II [. . .]. Bern ⁵1967; 385–402; 415 f. Ebenfalls in: *Heinz Ludwig Arnold* (Hg.): Geschichte der deutschen Literatur aus Methoden I. Frankfurt/M. 1973; 230–250.

L 40 *Peter Schneider:* Die Fragwürdigkeit des Rechts im Werk von Friedrich Dürrenmatt. Vortrag. Karlsruhe (= Schriftenreihe der Juristischen Studiengesellschaft Karlsruhe 81) 1967.

L 41 *Hans Mayer:* Friedrich Dürrenmatt. In: ZfdPh 87 (1968) 482–498.

L 42 *Cesare Cases:* Wieland, Dürrenmatt und die Onoskiamachia. In: C. C.: Stichworte zur deutschen Literatur. Frankfurt/M. 1969; 253–276. [Zuvor: Torino 1963 in ital. Sprache].

L 43 *Armin Hemberger:* Dürrenmatt über Dichtung. In: DU 21 (2/1969) 79–85.

L 44 *Konrad Scheible:* Max Frisch und Friedrich Dürrenmatt: Betrachtungen über ihre Geisteshaltung und Arbeitsweise. In: Rice University Studies 55 (3/1969) 197–235.

L 45 *Renate Usmiani:* Justice and the Monstruous [!] Meal in the Work of Friedrich Dürrenmatt. In: Canadian Humanities Association Bulletin 20 (1969) 8–14.

L 46 *Kurt J. Fickert:* Wit and Wisdom in Dürrenmatt's Names. In: Contemporary Literature 11 (1970) 382–388.

L 47 *Herbert Peter Madler:* Dürrenmatts Konzeption des mutigen Menschen. Eine Untersuchung der Bühnenwerke Friedrich Dürrenmatts unter besonderer Berücksichtigung des ›Blinden‹. In: SR 69 (1970) 314–325.

L 48 *ders.:* Dürrenmatts mutiger Mensch. In: Hochland 62 (1970) 36–49.

L 49 *Renate Usmiani:* Twentieth-Century Man, the Guilt-Ridden Animal. In: Mosaic 3 (4/1970) 163–178.

L 50 *Maurice Burton Wells:* Friedrich Dürrenmatt's Concept of Exaggeration. Univ. of Utah (= Phil. Diss.) 1970.

L 51 *Edward Diller:* Friedrich Dürrenmatt's Chaos and Calvinism. In: Monatshefte 63 (1971) 28–40.

L 52 *Rolf Kieser:* Der Verlust des Himmels im Weltbild des Dichters. Friedrich Dürrenmatt und die Mondlandung. In: LWU 4 (1971) 115–123.

L 53 *Donald G. Daviau:* The Role of ›Zufall‹ in the Writings of Friedrich Dürrenmatt. In: GR 47 (1972) 281–293.

L 54 *Bodo Fritzen:* Die Ironie Friedrich Dürrenmatts. Univ. of Nebraska (= Phil. Diss.) 1972.

L 55 *Paul Konrad Kurz:* Das Böse und die Schuld in der zeitgenössischen Literatur. Stimmen der Zeit 97 (1972) 20–34.

L 56 *Thorbjörn Lengborn:* Schriftsteller und Gesellschaft in der Schweiz. Eine Studie zur Behandlung der Gesellschaftsproblematik bei Zollinger, Frisch und Dürrenmatt. Frankfurt/M. 1972.

L 57 *Frieder Stadtfeld:* Friedrich Dürrenmatts Historiogramm. In: LWU 5 (1972) 286–298.

L 58 *Jean-Paul Mauranges:* Der Einfluß Thornton Wilders auf das literarische Schaffen von Friedrich Dürrenmatt und Max Frisch. In: Nordamerikanische Literatur im deutschen Sprachraum seit 1945. Beiträge zu ihrer Rezeption. Hg. v. *Horst Frenz* und *Hans-Joachim Lang.* München 1973; 225–250; 259 f.

L 59 *Jan J. Seiler:* Wedekind and Dürrenmatt. A Comparative Study. Univ. of Wisconsin (= Phil. Diss.) 1973.

L 60 *Peter J. Graves:* Disclaimers and Paradoxes in Dürrenmatt. In: GLL 27 (1973/74) 133–142.

L 61 *Bodo Fritzen:* Die Ironie des Zufalls bei Friedrich Dürrenmatt. In: University of Dayton Review 11 (1974) 79–88.

L 62 *Michael Muhres:* Dürrenmatts Begriff der Verantwortung. Frankfurt/M. (= Phil. Diss.) 1974.

L 63 *Claudia Gutmann:* Der Narr bei Dürrenmatt. Frankfurt/M. (= Bielefelder Hochschulschriften 12) 1975.

L 64 *Margret Eifler:* Das Geschichtsbewußtsein des Parodisten Dürrenmatt. In: I 3; 44–52.

L 65 *Robert E. Helbling:* Groteskes und Absurdes – Paradoxie und Ideologie. Versuch einer Bilanz. In: I 3; 233–253.

L 66 *Jan Knopf:* Theatrum mundi. Sprachkritik und Ästhetik bei Friedrich Dürrenmatt. In: I 2; 30–40.

L 67 *Jean-Paul Mauranges:* L'image de l'Amérique dans l'oeuvre de Dürrenmatt: une perspective théologique? Seminar 12 (1976) 156–173.

L 68 *Amédée A. Scholl:* Zeichen und Bezeichnetes im Werk Friedrich Dürrenmatts. In: I 3; 203–217.

L 69 *Mona Knapp* und *Gerhard P. Knapp:* Recht – Gerechtigkeit – Politik. Zur Genese der Begriffe im Werk Friedrich Dürrenmatts. In: I 4; 23–40.

L 70 *Winfried Schleyer:* Zur Funktion des Komischen bei Friedrich Dürrenmatt und Peter Hacks. DU 30 (1978) 67–78.

3.4. Zum Bühnenwerk und den Hörspielen (M)

M 1 *Paul Fechter:* Friedrich Dürrenmatt. In: P. F.: Das europäische Drama III. [. . .] Mannheim 1958; 247–256.

M 2 *Hans Rudolf Hilty:* Prolegomena zum modernen Drama. In: AZ 5 (1958) 519–530.

M 3 *Walter Jens:* Ernst gemacht mit der Komödie. Über Mord, Moral und Friedrich Dürrenmatt. In: Die Zeit 13, 1958, Nr. 29.

M 4 *Klaus Schulz:* Die dramatischen Experimente Friedrich Dürrenmatts. In: DRds 84 (7/1958) 657–663.

M 5 *Heinz Zahrut:* Man spiele den Vordergrund richtig. Zum Werk Friedrich Dürrenmatts. In: Radius Nr. 2, 1958, 39–43.

M 6 *Elisabeth Brock-Sulzer:* Das deutsch-schweizerische Theater der Gegenwart. GLL N.S. 12 (1958/59) 12–23.

M 7 *André Müller:* Die Haltung des Friedrich Dürrenmatt. In: Theater der Zeit 14 (2/1959) 9–11; 14 f.

M 8 *Erich Franzen:* Das Drama zwischen Utopie und Wirklichkeit. In: Merkur 14 (1960) 739–756.

M 9 *Rolf Geissler* (Hg.): Zur Interpretation des modernen Dramas. Brecht, Dürrenmatt, Frisch. [. . .] Frankfurt/M. 1960; [6]1970 [darin *Therese Poser*: Friedrich Dürrenmatt ›Ein Engel kommt nach Babylon‹; 88–96].

M 10 *Peter Seidmann:* Modern Swiss Drama. In: Books Abroad 34 (1960) 112–114.

M 11 *Elisabeth Brock-Sulzer:* Dürrenmatt und die Quellen. In: I 1; 117–136.

M 12 *Wilhelm Duwe:* Friedrich Dürrenmatts Epik – Friedrich Dürrenmatts Dramatik. In: W. D.: Deutsche Dichtung des 20. Jahrhunderts [. . .] II. Zürich 1962; 190–192; 452–480.

M 13 *Werner Klose:* Friedrich Dürrenmatt. In: W. K.: Das Hörspiel im Unterricht. Hamburg 1962; 106–111.

M 14 *Joachim Müller:* Max Frisch und Friedrich Dürrenmatt als Dramatiker der Gegenwart. In: U 17 (1962) 725–738.

M 15 *Murray B. Peppard:* The Grotesque in Dürrenmatt's Dramas. In: KFLQ 9 (1962) 36–44.

M 16 *Klaus Völker:* Das Phänomen des Grotesken im neueren deutschen Drama. In: Sinn oder Unsinn? Das Groteske im modernen Drama. Fünf Essays [. . .]. Basel (= Theater unserer Zeit 3) 1962; 9–46.

M 17 *George E. Wellwarth:* Friedrich Dürrenmatt and Max Frisch. Two Views of the Drama. In: TDR 6 (3/1962) 14–42.

M 18 *Jacob Steiner:* Die Komödie Dürrenmatts. In: DU 15 (6/1963) 81–98.

M 19 *Hans-Jürgen Syberberg:* Zum Drama Friedrich Dürrenmatts. Zwei Modellinterpretationen zur Wesensdeutung des modernen Dramas. München 1963; [3]1974.

M 20 *Ursel D. Boyd:* Die Funktion des Grotesken als Symbol der Gnade in Dürrenmatts dramatischem Werk. Univ. of Maryland (= Phil. Diss.) 1964.

M 21 *Joachim Kaiser:* Grenzen des modernen Dramas [. . .] In: Thh 5 (12/1964) 12–15.

M 22 *Günter Waldmann:* Dürrenmatts paradoxes Theater. Die Komödie des christlichen Glaubens. In: WW 14 (1964) 22–35.

M 23 *Robert E. Holzapfel:* The Divine Plan Behind the Plays of Friedrich Dürrenmatt. In: MD 8 (1965) 237–246.

M 24 *ders.:* Three Facets of Friedrich Dürrenmatt's Drama: The Way of the Individual to God – the Way of the Individual in the World – the World as Chaos. State Univ. of Iowa (= Phil. Diss.) 1965.

M 25 *Adolf D. Klarmann:* Friedrich Dürrenmatt and the Tragic Sense of Comedy. In: *Travis Bogard* und *William I. Oliver* (Hg.): Modern Drama. Essays in Criticism. New York 1965; 99–133.

M 26 *Gundel Westphal:* Das Verhältnis von Sprechtext und Regieanweisung bei Frisch, Dürrenmatt, Ionesco und Beckett. Würzburg (= Phil. Diss.) 1965.

M 27 *Edward Diller:* Dürrenmatt's Use of the Stage as a Dramatic Element. In: Symposium 22 (1966) 197–206.

M 28 *Philippe Ivernel:* La tragi-comédie de l'intellectuel chez Frisch et Dürrenmatt. In: Les Langues Modernes 60 (5/1966) 54–58.

M 29 *Margareta N. Deschner:* Friedrich Dürrenmatt's Experiments with Man. An Analysis of his First Five Plays. Univ. of Colorado (= Phil. Diss.) 1967.

M 30 *Robert B. Heilman:* Tragic Elements in a Dürrenmatt Comedy. In: MD 10 (1967) 11–16.

M 31 *Werner Hoffmann:* La tragecomedia de Dürrenmatt. In: Boletín de Estudios Germanicos 6 (1967) 95–108.

M 32 *Diether Krywalski:* Säkularisiertes Mysterienspiel? Zum Theater Friedrich Dürrenmatts. In: Stimmen der Zeit 179 (1967) 344–356.

M 33 *George W. Radimerski:* Das Konzept der Geschichte in den Dramen Dürrenmatts und Frischs. In: KFLQ 13 (1967) 200–208.

M 34 *Manfred Züfle:* Zu den Bühnengestalten Friedrich Dürrenmatts. In: SR 66 (1967) 29–39; 98–110.

M 35 *Eugenio Bernardi:* Friedrich Dürrenmatt: dal grottesco alla drammaturgia del caso. In: Annali della Facoltà di Lingue e Letteratura Straniere di cà Foscari (Venezia) 7 (1968) 1–70.

M 36 *Beda Allemann:* Die Struktur der Komödie bei Frisch und Dürrenmatt. In: Hans Steffen (Hg.): Das deutsche Lustspiel II. Göttingen (= Kl. Vandenhoeck-Reihe 277) 1969; 200–217.

M 37 *Richard Allen Geiger:* Eschatology in the Dramas of Friedrich Dürrenmatt. Louisiana State University (= Phil. Diss.) 1969.

M 38 *Marianne Kesting:* Friedrich Dürrenmatt. Parabeln einer abstrusen Welt. In: M. K.: Panorama des zeitgenössischen Theaters. München 1969; 269–273.

M 39 *Hans-Georg Werner:* Friedrich Dürrenmatt. Der Moralist und die Komödie. In: Wiss. Zs. der Martin-Luther-Univ. Halle-Wittenberg 18 (4/1969) 143–156.

M 40 *Wolfgang Butzlaff:* Dürrenmatt als Dramatiker. In: DU 23 (5/1971) 33–40.

M 41 *Herbert Hartmann:* Friedrich Dürrenmatt. Dramaturgie der Realität oder der Phantasie, der Provokation oder der Resignation? Eine

Analyse zum Problem des Grotesken im dramatischen Werk Friedrich Dürrenmatts. Marburg (= Phil. Diss.) 1971.

M 42 *Ulrich Profitlich:* Der Zufall in den Komödien und Detektivromanen Friedrich Dürrenmatts. In: ZfdPh 90 (1971) 258–280.

M 43 *Kurt J. Fickert:* To Heaven and Back. The New Morality in the Plays of Friedrich Dürrenmatt. Lexington (= Studies in the Germanic Languages and Literatures 5) 1972.

M 44 *Jan Kott:* Spektakel – Spektakel. Tendenzen des modernen Welttheaters. München (= Serie Piper 44) 1972.

M 45 *Leslie Badanes:* The Grotesque in Friedrich Dürrenmatt's Stage Plays. Northwestern Univ. (= Phil. Diss.) 1973.

M 46 *Wolfram Buddecke:* Friedrich Dürrenmatts experimentelle Dramatik. In: U 28 (1973) 641–652.

M 47 *Fritz Heuer:* Das Groteske als poetische Kategorie. Überlegungen zu Dürrenmatts Dramaturgie des modernen Theaters. In: DVJs 47 (1973) 730–768.

M 48 *Thomas Immoos:* Dürrenmatts protestantische Komödie. In: SR 72 (1973) 271–280.

M 49 *Uta Barbara Williams:* Dialektik im dramaturgischen Denken Friedrich Dürrenmatts. Univ. of British Columbia (= Phil. Diss.) 1974.

M 50 *Hans-Jochen Irmer:* Friedrich Dürrenmatt. In: H.-J. I.: Der Theaterdichter Frank Wedekind. Werk und Wirkung. Berlin (DDR) 1975; 294–306.

M 51 *Heinz Ludwig Arnold:* Theater als Abbild der labyrinthischen Welt. Versuch über den Dramatiker Dürrenmatt. In: I 2; 19–29.

M 52 *Norbert Baensch:* Dürrenmatt und die Bühne. In: I 2; 65–72.

M 53 *Everett M. Ellestad:* Das »Entweder-Oder« der »Mausefalle«. Strukturtechnik und Situation in Dürrenmatts Dramen. In: I 3; 69–79 [zuvor in engl. Spr. als: Friedrich Dürrenmatt's ›Mausefalle‹. In: GQ 43 (1970) 770–779].

M 54 *Bruno Hannemann:* Der böse blick. Zur perspektive von Nestroys und Dürrenmatts komödie. In: WW 26 (1976) 167–183.

M 55 *Hajo Kurzenberger:* Theater der Realität als Realität des Theaters. Zu Friedrich Dürrenmatts Dramenkonzeption. In: I 2; 53–64.

M 56 *Klaus-Detlef Müller:* Das Ei des Kolumbus? Parabel und Modell als Dramenformen bei Brecht, Dürrenmatt, Frisch, Walser. In: *Werner Keller* (Hg.): Beiträge zur Poetik des Dramas. Darmstadt 1976; 432–461.

M 57 *Holger A. Pausch:* Systematische Abnormität. Zur Technik der Personengestaltung im dramatischen Werk Dürrenmatts. In: I 3; 191–202.

M 58 *Elsbeth Pulver:* Literaturtheorie und Politik. Zur Dramaturgie Friedrich Dürrenmatts. In: I 2; 41–52.

M 59 *Renate Usmiani:* Die Hörspiele Friedrich Dürrenmatts: unerkannte Meisterwerke. In: I 3; 125–144 [zuvor in engl. Spr. als: Masterpieces in Disguise: the Radio Plays of Friedrich Dürrenmatt. In: Seminar 7 (1971) 27–41].

M 60 *Kenneth S. Whitton:* Friedrich Dürrenmatt and the Legacy of Bertolt Brecht. In: Forum for Modern Language Studies 12 (1976) 65–81.

M 61 *Karl Richter:* Vom Herrschaftsanspruch der Komödie. Dramentheoretische Betrachtungen im Anschluß an Dürrenmatt und Hacks. In: Schillerjb. 22 (1978) 637–656.

M 62 *Joseph A. Federico:* The Hero as Playwright in Dramas by Frisch, Dürrenmatt and Handke. In: GLL 32 (1978/79) 166–176.

M 63 *Karl Pestalozzi:* Dürrenmatts Dialog mit Brecht. In: Revue d'Allemagne 11 (1979) 62–85.

3.5. Zu den Erzähltexten (N)

N 1 *Peter B. Gontrum:* Ritter, Tod und Teufel: Protagonists and Antagonists in the Prose Works of Friedrich Dürrenmatt. In: Seminar 1 (1965) 88–98.

N 2 *Leo Wilhelm Berg:* Die Bildlichkeit und Symbolik im Prosawerk Friedrich Dürrenmatts. Univ. of California/Riverside (= Phil. Diss.) 1971.

N 3 *William Journeaux Harvey:* Franz Kafka and Friedrich Dürrenmatt. A Comparison of Narrative Techniques and Thematic Approaches. Univ. of Texas at Austin (= Phil. Diss.) 1972.

N 4 *Judith Mary Melton:* Friedrich Dürrenmatt's ›Die Stadt‹. Analysis and Significance of Dürrenmatt's Early Prose. Louisiana State Univ. (= Phil. Diss.) 1972.

N 5 *Renate E. Usmiani:* Friedrich Dürrenmatt, Escape Artist. A Look at the Novels. In: Mosaic 5 (3/1971/72) 27–41.

3.6. Zu den Essays (O)

O 1 *Vera Sheppard:* Friedrich Dürrenmatt as a Dramatic Theorist. In: Drama Survey 4 (1965) 244–263.

O 2 *Clayton Koelb:* The ›Einfall‹ in Dürrenmatt's Theory and Practice. In: Deutsche Beiträge zur geistigen Überlieferung 7 (1972) 240–259.

O 3 *Ernest L. Weiser:* Dürrenmatt's Dialogue with Schiller. In: GQ 48 (1975) 332–336.

4.0. Rezeption und Kritik (P)

P 1 *Karl H. Ruppel:* Friedrich Dürrenmatt ›Es steht geschrieben‹. In: Die Tat v. 24. 4. 1947.

P 2 *Rudolf Bohrer:* ›Es steht geschrieben‹. In: Der Ruf v. 1. 2. 1948.

P 3 *Markus Kutter:* Zur Uraufführung des Schauspiels ›Der Blinde‹ von Friedrich Dürrenmatt. In: SR 42 (2/1948) 840–844.

P 4 *Max Frisch:* Friedrich Dürrenmatt. Zu seinem neuen Stück ›Romulus der Große‹. In: WeWo 17 v. 5. 5. 1949.

P 5 *Elisabeth Brock-Sulzer:* Dürrenmatt [zu ›Romulus der Große‹]. In: Die Tat v. 14. 12. 1949.

P 6 *Klaus Colberg:* Dürrenmatt-Premiere in München [zu ›Die Ehe des Herrn Mississippi‹]. In: NZZ v. 29. 3. 1952.

P 7 *Erich Kästner:* Dürrenmatts neues Stück [›Die Ehe des Herrn Mississippi‹]. In: WeWo 20 v. 4. 4. 1952.

P 8   *anon.:* ›Ein Engel kommt nach Babylon‹. In: NZZ v. 1. 2. 1954.

P 9   *Friedrich Heer:* Politische Tragödie. ›Der Besuch der alten Dame‹. In: Die Furche 12 (1956) Nr. 38.

P 10   *Wilhelm Grasshoff:* Ein makabres Szenarium. Friedrich Dürrenmatt: Die Panne. In: FAZ v. 22. 6. 1957.

P 11   *Joachim Kaiser:* Friedrich Dürrenmatts singende Mörder. Uraufführung von ›Frank V. – Oper einer Privatbank‹ in Zürich. In: SDZ v. 21./22. 3. 1959.

P 12   *Karl Korn:* Moritat parodistisch. Dürrenmatt/Burkhards ›Frank V. – Oper einer Privatbank‹ in Zürich. In: FAZ v. 23. 3. 1959.

P 13   *Hellmut Kotschenreutter:* Wenn Kunst und Leben identisch werden. Zur Uraufführung von Dürrenmatts ›Abend[stunde] im Spätherbst‹ in Berlin. In: Der Mittag v. 8. 12. 1959.

P 14   *Hans Sahl:* Dürrenmatt-Panne in New York. Zur Uraufführung einer dramatischen Novelle. In: SDZ v. 10. 2. 1960.

P 15   *Henning Rischbieter:* Dürrenmatts dünnstes Stück – ›Frank V., Oper einer Privatbank‹ und die Aufführungen in München und Frankfurt. In: Thh 1 (3/1960) 8–12.

P 16   *Otto Brües:* Waren die beiden Morde ein Traum? Dürrenmatts Hörspiel ›Der Doppelgänger‹ im Norddeutschen Rundfunk. In: Der Mittag v. 23. 12. 1960.

P 17   *Georg Ramsegger:* Die Dämonen waren nicht geladen. Kurt Hoffmanns Dürrenmatt-Verfilmung ›Die Ehe des Herrn Mississippi‹. In: Die Welt v. 26. 6. 1961.

P 18   *Karena Niehoff:* Gift, auf Flaschen gezogen. Friedrich Dürrenmatts ›Die Ehe des Herrn Mississippi‹ auf den Berliner Filmfestspielen. In: Christ und Welt v. 7. 7. 1961.

P 19   *Erwin Goelz:* Witzige Provokation. Der Film nach Dürrenmatts ›Die Ehe des Herrn Mississippi‹. In: Stuttgarter Zeitung v. 28. 7. 1961.

P 20   *Ulrich Gregor:* Verfilmtes Theater. Gefahren und Möglichkeiten. – Dürrenmatts ›Mississippi‹ – Verfilmung oder Verfälschung? In: Thh 2 (8/1961) 44–46.

P 21   *Marcel Schneider:* Friedrich Dürrenmatt, le fils prodique de l'occident. In: La Revue de Paris 68 (8/1961) 99–105.

P 22   *Joachim Kaiser:* Friedrich Dürrenmatts Weltuntergangs-Libretto. Die Uraufführung der ›Physiker‹ im Schauspielhaus Zürich. In: SDZ v. 23. 2. 1962.

P 23   *Siegfried Melchinger:* Die Physiker im Tollhaus. Dürrenmatts neue Komödie in Zürich uraufgeführt. In: Stuttgarter Zeitung v. 23. 2. 1962.

P 24   *Elisabeth Brock-Sulzer:* Dürrenmatt, der Klassiker. ›Die Physiker‹. Uraufführung in Zürich. In: FAZ v. 26. 2. 1962.

P 25   *Joachim Kaiser:* Dürrenmatt und Herkules scheitern in Elis. In: SDZ v. 22. 3. 1963.

P 26   *Heinz Beckmann:* Dürrenmatt im Augiasstall. Zürcher Uraufführung: Weder Komödie noch Cabaret. In: Rheinischer Merkur v. 29. 3. 1963.

P 27 *Johannes Jacobi:* Vergebliche Versuche mit Mist. Friedrich Dürrenmatts ›Herkules und der Stall des Augias‹ im Schauspielhaus Zürich.
In: Die Zeit v. 29. 3. 1963.

P 28 *Henning Rischbieter:* Der neue Dürrenmatt [zu ›Herkules und der
Stall des Augias‹]. In: Thh 4 (5/1963) 36 f.

P 29 *Peter M. Bauland:* German Drama on the American Stage 1894–1961.
Univ. of Pennsylvania (= Phil. Diss.) 1964.

P 30 *Graciela de Sola:* Friedrich Dürrenmatt. Testigo y juez de nuestra
época. In: Boletín de Estudios Germanicos 5 (1964) 91–115.

P 31 *George E. Wellwarth:* The German-Speaking Drama. Dürrenmatt.
In: G. E. W.: The Theatre of Protest and Paradox. New York 1964;
134–161.

P 32 *Rivers Carew:* The Plays of Friedrich Dürrenmatt. In: The Dublin
Magazine 4 (1965) 57–68.

P 33 *Felix Philipp:* Dürrenmatt im Spiegel der sowjetischen Kritik. In: Die
Tat v. 3. 12. 1965.

P 34 *Hans Heinz Holz:* Theaterskandal um Dürrenmatt. Premiere des
›Meteor‹ im Zürcher Schauspielhaus. In: Frankfurter Rundschau v.
24. 1. 1966.

P 35 *Heinz Beckmann:* Blaugekachelte Wahrheit. ›Der Meteor‹ von Friedrich Dürrenmatt in Zürich. In: Rheinischer Merkur v. 28. 1. 1966.

P 36 *Ingeborg Weber:* Ein neuer Film nach Dürrenmatt [zu ›Grieche sucht
Griechin‹]. In: Stuttgarter Zeitung v. 17. 5. 1966.

P 37 *Manfred Delling:* Die Großen und der kleine Mann. Thieles ›Grieche
sucht Griechin‹ nach Dürrenmatt uraufgeführt. In: Die Welt v. 8. 10.
1966.

P 38 *Ernst Schumacher:* Der Dichter als sein Henker. Zur Premiere des
›Meteor‹ von Dürrenmatt in Zürich. In: SuF 18 (1966) Sonderh.
769–779.

P 39 *Ilse Heim:* Der unbekannte Autor Friedrich Dürrenmatt. Urteile der
Schweizer Presse zur Uraufführung von ›Es steht geschrieben‹ am 19.
4. 1947. In: WeWo v. 10. 2. 1967.

P 40 *Joachim Kaiser:* Mattes Comeback der ›Wiedertäufer‹. Dürrenmatts
Neufassung seines ersten Stückes in Zürich uraufgeführt. In: SDZ v.
18./19. 3. 1967.

P 41 *Günther Rühle:* Ein Hauptgericht mit Dürrenmatt. Nach der Uraufführung der ›Wiedertäufer‹ in Zürich notiert. In: FAZ v. 23. 3. 1967.

P 42 *Heinz Beckmann:* Ein Nachtwächter ging verloren. ›Die Wiedertäufer‹ in Zürich: Friedrich Dürrenmatt laugte sein erstes Drama aus. In:
Rheinischer Merkur, Osterausg. 1967.

P 43 *Hans Heinz Holz:* Konzentrat unverdauter Folgerungen. Basler
Uraufführung von Dürrenmatts mißlungener ›King-John-Bearbei-
tung‹. In: Frankfurter Rundschau v. 21. 9. 1968.

P 44 *Urs Jenny:* Shakespeare, ziemlich frei. Dürrenmatts ›König Johann‹
in Basel. In: Die Zeit v. 27. 9. 1968.

P 45 *Willy Fröhlich:* Musik im Hintergrund. Jiri Smutnys Kurzoper nach
Dürrenmatt im Stuttgarter Kleinen Haus. In: Stuttgarter Zeitung v.
17. 12. 1968.

P 46 *Dieter Schnebel:* Vertonter Dürrenmatt. Smutnys Kurzoper ›Nächtliches Gespräch‹ in Stuttgart uraufgeführt. In: Die Welt v. 27. 12. 1968.

P 47 *Rolf Kieser:* Gegenwartsliteratur der deutschen Schweiz. In: GQ 41 (1968) 71–83.

P 48 *Urs Jenny:* Dürrenmatts Zimmerschlacht. ›Play Strindberg‹ in Basel uraufgeführt. In: SDZ v. 10. 2. 1969.

P 49 *Günther Rühle:* Strindberg-schlagkräftig. Dürrenmatts ›Play Strindberg‹. Uraufführung in Basel. In: FAZ v. 11. 2. 1969.

P 50 *Walther Huder:* Friedrich Dürrenmatt oder die Wiedergeburt der Blasphemie. In: Welt und Wort 24 (1969) 316–319.

P 51 *Siegfried Melchinger:* Was hat der bitterböse Friederich mit Strindberg nur gemacht . . . [. . .] In: Thh 10 (3/1969) 36–39.

P 52 *J(ohann) Gu(nert):* Der Grillparzer-Preis 1968 an Friedrich Dürrenmatt. In: Jahrbuch der Grillparzer-Gesellschaft 7 (1969/70) 254.

P 53 *Marianne Kesting:* Wie unbequem ist Dürrenmatt? Zu seinem Vortrag über Politik und Gerechtigkeit. In: FAZ v. 25. 4. 1970.

P 54 *Heinrich Vormweg:* Parolen aus ›Reader's Digest‹. Friedrich Dürrenmatts ›Porträt eines Planeten‹ in Düsseldorf uraufgeführt. In: SDZ v. 12. 11. 1970.

P 55 *Heinz Beckmann:* Kein Staubkorn Erde. Friedrich Dürrenmatt bastelte aus Zeitungspapier das ›Porträt eines Planeten‹. In: Rheinischer Merkur v. 28. 11. 1970.

P 56 *Ulrich Schreiber:* Porträt eines Planeten. Der neue Dürrenmatt in Düsseldorf uraufgeführt. In: Frankfurter Rundschau v. 28. 11. 1970.

P 57 *Hans Schwab-Felisch:* Shakespeare als Grusical. Dürrenmatts Bearbeitung des ›Titus Andronicus‹ uraufgeführt. In: FAZ v. 14. 12. 1970.

P 58 *Heinrich Vormweg:* Ziellose Dauerschlächterei. Dürrenmatts ›Titus Andronicus‹ in Düsseldorf uraufgeführt. In: SDZ v. 14. 12. 1970.

P 59 *Hilde Rubinstein:* Der Schaukampf des Friedrich Dürrenmatt. In: Frankfurter Hefte 25 (1970) 202–206.

P 60 *Christian Jauslin:* Fragen und Anmerkungen zum Theater in der Schweiz. In: SM 50 (1970/71) 70–73.

P 61 *Hans Christoph Angermeyer:* Zuschauer im Drama. Brecht, Dürrenmatt, Handke. Frankfurt/M. 1971.

P 62 *H. H. Stuckenschmidt:* Eine musikalische Höllenkomödie. Von Einems Dürrenmatt-Oper ›Besuch der alten Dame‹ in Berlin. In: FAZ v. 6. 3. 1972.

P 63 *Brunhilde Sonntag:* Wie sich die alte Dame veränderte. Dürrenmatts ›Tragische Komödie‹ und von Einems Oper. In: Opernwelt 13 (2/1972) 45–47.

P 64 *Reinhard Baumgart:* Ein Kübel scharfe Limonade. ›Der Mitmacher‹, Dürrenmatts neuestes Stück, wurde in Zürich uraufgeführt. In: SDZ v. 11. 3. 1973.

P 65 *Dietmar N. Schmidt:* Anklagen wurden zu Spiegelgefechten. Dürrenmatts fünfzehntes Stück ›Der Mitmacher‹ uraufgeführt. In: Frankfurter Rundschau v. 12. 3. 1973.

P 66 *Hellmuth Karasek:* Theater: Dürrenmatts ›Mitmacher‹ in Zürich. Alles Leben spurlos beseitigt. In: Die Zeit v. 16. 3. 1973.

P 67 *Heino Blum:* Abkehr von der Satire. Spielfilm ›Der Besuch‹ nach Dürrenmatt von Bernhard Wicki. In: Frankfurter Rundschau v. 9. 8. 1973.

P 68 *Ernst Schnabel:* Friedrich Dürrenmatt. In: *Hans Jürgen Schultz* (Hg.): Der Friede und die Unruhestifter. Herausforderungen deutschsprachiger Schriftsteller im 20. Jh. Frankfurt/M. (= suhrkamp taschenbuch 145) 1973; 291–304.

P 69 *Kenneth S. Whitton:* Afternoon Conversation with an Uncomfortable Person. In: New German Studies 2 (1974) 14–30.

P 70 *Hartmut Regitz:* Geschichte eines Delinquenten. Jiri Smutnys Dürrenmatt-Oper ›Doppelgänger‹ in Gelsenkirchen. In: Stuttgarter Zeitung v. 27. 6. 1975.

P 71 *St. Z.:* Das Zürcher Opernhaus unter Drese. Rudolf Kelterborn vertont Dürrenmatts ›Ein Engel kommt nach Babylon‹. In: Stuttgarter Zeitung v. 19. 9. 1975.

P 72 *H. P.:* Dürrenmatt – Film mit Dürrenmatt. Festspielerfolg in San Sebastian [zu: ›Der Richter und sein Henker‹]. In: Welt am Sonntag v. 5. 10. 1975.

P 73 *Joachim Kaiser:* Der Tanz um die goldene Greisin. Erstaufführung im Nationaltheater: ›Besuch der alten Dame‹, diesmal von Gottfried von Einem. In: SDZ v. 27. 10. 1975.

P 74 *Georg Hensel:* Das aufgeschobene Ableben des Diktators. Friedrich Dürrenmatts neue Komödie ›Die Frist‹. Uraufführung in Zürich. In: FAZ v. 8. 10. 1977.

P 75 *Magdolna Balkányi:* Dürrenmatt in Ungarn. In: Német Filológiai Tanulmányok. Arbeiten zur deutschen Philologie 12 (1978) 115–121.

REGISTER

der im Text genannten historischen Namen und *Wissenschaftler*

REGISTER

der im Text genannten Werke nach *Verfassern*